김열방 박경애 지음

가장 존귀하신 성령님

성령님
추천도서

세상에서 가장 존귀한 분이신
성령님을 인격적으로 사귀라.
모든 일에 그분을 존중하라.

날개미디어

"내 인생을 바꾼 존귀하신 성령님"

세상에서 가장 존귀한 분은 누굴까요?

성령님이십니다. 그분은 귀한 분이 아니고 존귀한 분도 아닙니다. 그분은 가장 존귀한 분이십니다.

그런 분을 둘째 셋째 자리로 밀어내고 사람을 떠받들거나 자기를 내세우는 것은 잘못된 행동입니다. 그분을 가장 존중해야 합니다. 그럴 때 존귀한 삶을 살게 됩니다.

나는 19세에 성령님을 만났고 그 후로 지금까지 그분을 가장 존귀한 분으로 모시고 모든 일에 그분을 높입니다.

아침에 눈을 뜨면 그분께 인사부터 합니다.

"성령님, 안녕하세요? 행복합니다. 감사합니다."

그리고 나 자신을 양도합니다.

"존귀하신 성령님, 사랑합니다. 오늘도 제 눈과 손과 발과 입술과 마음과 온몸을 성령님께 드립니다. 저를 받으시고 아버지의 영광을 위해, 예수님의 이름을 위해 사용해 주세요. 오늘도 저를 인도해 주시고 코치해 주세요."

그분은 내가 존중하든 안 하든 가장 존귀한 분이십니다. 그런데 내가 그분을 가장 존귀한 분으로 모시자 그분도 나를 날이 갈수록 존귀하게 만들어 주셨습니다.

어떤 일이 생겼을까요?

죄와 목마름, 병과 가난, 어리석음 가운데 있던 나를 그리스도 안에서 의와 성령 충만, 건강과 부요함, 지혜가 넘치는 존귀한 사람으로 만들어 주신 것입니다. 나는 그리스도 안에서 그리스도와 함께 하늘에 앉힌바 되었고 가장 존귀한 사람이 되었습니다. 당신도 그렇습니다.

영이 그리스도 안에 있는 사람은 누구나 할 것 없이 가장 존귀한 사람의 위치에 있게 되고 이 땅에서 사는 동안 마음과 몸도 존귀하게 바뀝니다. 날마다 마음을 새롭게 함으로 변화를 받아 예수님처럼 존귀한 생각을 하고 존귀한 말을 하게 됩니다. 몸도 하나님의 성전이 되어 그 안에 성령님의 기름 부음이 강물처럼 흐르게 됩니다.

내가 성령님을 존중히 모시니까 죄를 짓는 더러운 삶에서 거룩한 의인의 삶을 살게 되었습니다. 목마르고 허전한 삶에서 생수가 넘치는 행복한 삶으로 바뀌었습니다.

전에는 돈, 명예, 권세, 학벌, 숫자, 건물 등 만물에 목이 말랐지만 지금은 그런 목마름이 없습니다. 내 안에 생수의 강 같은 기름 부음이 흐르고 내 잔이 넘칩니다.

전에는 내 몸도 병들고 연약했지만 지금은 건강하고 튼튼합니다. 100미터도 제대로 못 걸어 몇 번을 쉬어야 했던 내가 2시간 동안 달려도 전혀 피곤하지 않습니다.

전에 지하에서 월세로 살던 내가 지금은 많이 부요해졌습니다. 물론 진정한 부요는 많은 돈과 좋은 아파트, 넓은 땅과 높은 빌딩에 있지 않고 마음에 있습니다. 내 안에 부요하신 예수 그리스도가 살아 계시기 때문에 나는 부요합니다. 예수님은 온 우주 만물의 창조자요 주인이십니다.

전에 나는 어리석고 미련했지만 지금은 지혜롭고 총명합니다. 그렇다고 모든 면에 완벽한 사람이라는 말이 아닙니다. 날마다 깨달음을 얻고 성장한다는 것입니다.

하나님은 내게 지혜와 총명을 많이 주셨고 그것을 가르치고 책으로 써내게 하셨습니다. 솔로몬보다 크신 예수님의 영이 내 안에 실제로 살아 계시기 때문에 나는 지혜로운 자가 되었습니다. 성령님은 솔로몬보다 억만 배나 크고 지혜로운 분이고 솔로몬에게 지혜를 주신 분입니다.

이 책을 읽으면 당신도 가장 존귀하신 성령님을 통해 의와 성령 충만, 건강과 부요, 지혜를 얻게 될 것입니다.

사람이 존귀하신 성령님을 모시지 않으면 아무리 학벌과 돈이 많아도 천박하고 비참한 삶에서 벗어나지 못하게 됩니다. 하지만 존귀하신 성령님을 모시면 비록 학벌과 돈이 조금 있어도 존귀하고 비옥한 삶을 살게 됩니다.

한번뿐인 소중한 인생, 존귀한 삶을 살아야 합니다.

이 책을 통해 존귀한 삶을 살게 되기 바랍니다.

당신을 억만 번이나 축복합니다.

2025년 3월 1일

김열방 목사

"But the noble man makes noble plans,
and by noble deeds he stands."

Isaiah 32:8

"존귀한 자는 존귀한 일을 계획하나니
그는 항상 존귀한 일에 서리라."

이사야 32:8

성령님은 가장 존귀하신 분이다

당신은 성령님을 얼마나 존귀하게 여기십니까?

나는 그분을 세상에서 아니 온 우주에서 가장 귀한 분이라고 생각합니다. 그분은 수천억 원을 주고도 바꿀 수 없는 귀한 분입니다. 수만 개의 빌딩이나 하버드 대학교를 비롯한 세계의 유명 대학교 100개와 대기업 100개를 주고도 바꿀 수 없는 귀한 분입니다. 그분은 최고이십니다.

왜일까요? 그분이 내 인생을 존귀하게 만들어 주셨기 때문입니다. 나는 존귀하신 성령님을 내 안에 모시고 있고, 존귀하신 성령님 때문에 존귀한 사람이 되었습니다.

성령님이 내 인생을 바꾸었지 다른 어떤 것이 내 인생을 바꾸지 않았습니다. 사람들은 나를 보고 말합니다.

"김열방 목사님은 성령님께 미쳤군요. 다른 이야기는 하지 않고 자나 깨나 성령님 이야기만 하시는군요."

그렇습니다. 나는 성령님께 미쳤고 그분에게 푹 빠졌습니다. 성령님보다 더 좋은 분은 어디에도 없습니다.

성령님은 내게 어떤 일을 행하셨을까요?

성령님이 내 영혼을 거듭나게 하셨다

첫째, 성령님은 내 영혼이 거듭나게 하셨습니다.

내가 십대에 죄와 목마름, 병과 가난, 어리석음과 죽음과 징계 가운데 있을 때 그분이 나를 찾아오셨고 내 인생을 변화시키셨습니다. 나는 성령님을 통해 의와 성령 충만, 건강과 부요, 지혜와 평화와 생명을 얻게 되었습니다.

19세에 길을 걷던 중 성령님이 내게 임하셨습니다. 나는 흐느끼며 가까운 교회에 들어가 무릎 꿇고 뜨거운 눈물을 흘리며 회개하고 두 손을 들고 그분께 항복했습니다.

"성령님, 제 힘으로는 살아 갈 수가 없습니다. 항복합니다. 제 눈과 손과 발과 입술과 마음과 온몸과 의지를 성령님께 드립니다. 저를 받으시고 머리끝에서 발끝까지 기름 부어 주시고 아버지의 영광을 위해 저를 사용해 주세요."

그 순간 내 입술에서는 내가 알지 못하는 아름다운 방언이 흘러나왔습니다. "셀라드리 셀라드리."

성령님은 비둘기처럼 내 위에 임하셨고 내 마음은 한없이 부드러워졌습니다. 그날 후로 내 인생은 완전히 새로워졌고 온 세상이 달라 보였습니다. 하늘도 땅도 새들도 나무도 지나가는 사람들도 모두 아름다워 보였습니다.

지금 이 책을 쓰는 순간에도 비둘기 같은 성령님이 내 위에 머물러 계십니다. 나는 찬송가 187장을 좋아합니다.

"비둘기 같이 온유한 은혜의 성령 오셔서 거친 맘 어루만지사 위로와 평화 주소서. 진리의 빛을 비추사 주의 길 바로 걸으며 주님을 옆에 모시고 경건히 살게 하소서."

그분이 내게 진리의 빛을 비춰 주기 시작했습니다.

그동안 성경을 읽어도 이해되지 않았는데, 그날부터는 성경 말씀 한 구절 한 구절이 살아 움직였고 놀라운 깨달음들이 폭발하기 시작했습니다. 모든 성경은 하나님의 감동으로 된 하나님의 말씀인데, 이것을 깨닫는 것은 은금 보화, 진주를 잔뜩 가지는 것보다 억만 배나 귀합니다.

나는 귀한 깨달음을 하나씩 정리하며 마음에 깊이 새기고 또 이렇게 책으로 한 권씩 써내게 되었습니다. 내가 성령으로 거듭나지 못했다면 마귀의 자식으로 평생 살았을 것이며 이렇게 하나님의 말씀을 깨달을 수 있었을까요?

세상 그 누구도 내 영혼을 구원할 수 없었습니다.

성령님이 아니었다면 나는 결코 구원 받지 못했을 것이고 영원한 형벌이 있는 지옥에 떨어졌을 것입니다.

"나를 구원하신 성령님, 억만 번이나 감사합니다."

성령님이 내게 천재적인 지혜를 주셨다

둘째, 성령님은 내게 지혜를 주셨습니다.

잠언에 "오직 지혜는 성공하기에 유익하다"고 했습니다. 나는 그때 하나님께 지혜를 구했고 즉시 받았습니다.

성령님께서 내 마음에 말씀하셨습니다.

'내가 네게 지혜를 주었다. 받은 줄로 믿어라. 그리고 너 자신에 대해 바보, 미련한 놈이라고 말하지 마라. 너는 천재, 지혜로운 사람이다. 네 안에 지혜가 가득하다.'

나는 "아멘" 하고 받은 줄로 믿었습니다. 그때 지혜가 씨앗처럼 심겼고 그 후로 지혜가 계속 자랐습니다.

예수님도 "키와 지혜가 자랐다"고 했습니다.

그리고 나는 10년이 지난 29세에 첫 책인 〈성령님과 교제법〉을 출간하게 되었습니다. 나는 하나님이 주신 지혜로 말미암아 성공에 성공을 거듭하게 되었습니다.

하나님이 내게 주신 지혜는 어떤 지혜일까요?

단순히 공부를 잘해서 일류 대학을 졸업하는 지혜가 아닙니다. 하나님을 경외하는데 성공하는 지혜입니다.

또한 예수님이 십자가에서 다 이룬 온전한 복음을 깨닫는 지혜입니다. 다른 사람이 쓴 책을 읽고 암기해서 100점 맞는 수재의 지혜가 아닌 내 삶과 깨달음을 담은 책을 써내는 천재의 지혜입니다. 억만 배나 좋은 지혜입니다.

잠언 3장 14절에 "이는 지혜를 얻는 것이 은을 얻는 것보다 낫고 그 이익이 정금보다 나음이니라"고 했습니다.

잠언 16장 16절에도 "지혜를 얻는 것이 금을 얻는 것보다 얼마나 나은고? 명철을 얻는 것이 은을 얻는 것보다 더욱 나으니라"고 했습니다. 하나님께 지혜를 구하세요.

하나님은 구하는 모든 사람에게, 그리고 당신에게도 지혜를 아주 후하게 주십니다. "너희 중에 누구든지 지혜가 부족하거든 모든 사람에게 후히 주시고 꾸짖지 아니하시는 하나님께 구하라. 그리하면 주시리라."(약 1:5)

성령님이 나를 인격적으로 존중하셨다

셋째, 성령님은 나를 인격적으로 존중해 주셨습니다.

성령님은 인격자이십니다. 그분은 어떤 물건이나 형상, 어떤 기운이나 에너지, 철학이나 사상, 원리가 아닙니다.

그분은 인격을 가진 하나님이십니다.

나는 아침에 일어나면 그분께 인사를 드립니다.

"성령님, 안녕하세요? 행복합니다."

그분은 나를 물건이나 도구가 아닌 인격적인 존재로 대해 주셨습니다. 그분이 내게 말씀하셨습니다.

'너는 존귀한 사람이다.'

세상 사람들은 나를 도구처럼 사용하려고 하고 자기 이익을 위해 이용하려고 하는데 성령님은 나를 한없이 존중해 주셨습니다. 그분은 나를 간섭하지 않으셨고 자비롭고 은혜로운 분위기 속에서 나를 이끌어 주셨습니다.

내가 어떤 문제로 고민하고 있으면 그분은 세미한 음성으로 이렇게 말씀하셨습니다. '사랑하는 아들아, 이렇게 하면 돼. 쉬워. 나는 네가 믿음으로 살기 바란다.'

나는 30년 동안 성령님과 친밀한 교제를 나누며 살아왔습니다. 그분은 정말 온 우주에서 가장 귀한 분이십니다.

그런데 이처럼 귀한 분을 귀한 줄 모르는 사람이 많습니다. 그들은 성령님을 인격적으로 존중하지 않고 자기 힘으로만 살아가려고 애씁니다. 그들은 주먹을 쥐고 큰 소리로 말합니다. "내 인생이니 내 멋대로 살 거야."

어리석은 생각입니다. 하나님의 자녀는 '성령 안에서' 꿈을 이루며 살아야 하는데, 슬프게도 쉽게 성령님을 떠나 육신적인 친구들과 어울려 돌아다닙니다. 그것을 보신 성령님은 근심하시고 슬퍼하십니다. 제발 그러지 마세요.

내 힘으로 살아가려는 교만한 자아가 깨어지고 또 깨어져야 합니다. 성령님께 항복하고 또 항복해야 합니다.

날마다 죽어야 합니다. 바울은 말했습니다.

"나는 날마다 죽노라."(고전 15:31)

성령님이 나를 세우시고 은사를 주셨다

넷째, 성령님은 나를 세우시고 은사를 주셨습니다.

나는 중학교 때 신학교에 가겠다고 기도했습니다. 하지만 그림을 잘 그렸기 때문에 신학교에 가지 않고 서울대학교에 진학해서 세계적인 디자이너가 되려고 했는데 하나님께서 내 길을 막으시고 신학교에 가게 하셨습니다.

하나님이 막지 않으셨다면 나는 지금쯤 디자이너가 되어 자동차 디자인, 넥타이나 양복 디자인, 백화점 인테리어 디자인을 하고 있을지도 모릅니다. 그런 내가 지금은 영혼의 디자이너가 되어 이렇게 책을 통해 많은 사람들의 인생을 하나님이 원하시는 모습으로 디자인하고 있습니다. 이보다 더 귀하고 가치 있는 일이 어디 있을까요?

주님은 나를 그분의 종으로 부르셨습니다.

'너는 나의 종이다. 네게 준 말씀을 열방에 전해라.'

주의 종이 된다는 것, 이것이 가장 귀한 부르심입니다.

세계 82억의 인구 중에 30억 정도가 기독교인이 되었고 그 중에 나도 있습니다. 그렇게 영혼이 죽어 더럽고 냄새나는 하수구로 떠내려가던 나를 구원하여 하나님의 자녀로 삼아 주신 것만도 감사한데, 나를 부르셔서 그분의 종으로 세워 주시니 얼마나 감사한지요. 그리고 귀한 교회도 개척하게 하시고 책도 많이 써내게 하셨습니다.

안타깝게도 이러한 '주의 종의 길'이 얼마나 귀한지 모르는 사람이 많습니다. 주의 종으로의 '귀한 부르심'을 받았습니까? 그렇다면 기도와 말씀에 헌신하십시오.

물론 주의 종도 필요에 따라 여러 가지 일을 할 수 있습니다. 하지만 항상 주님께 먼저 물어야 합니다.

'성령님. 어떻게 할까요?'

주의 종은 다른 모든 일보다 기도가 우선입니다.

기도를 우선으로 하고 다른 일은 부분으로 해야 합니다. 그러지 않고 편의점이나 주유소, 식당이나 카페에서

알바를 하면 시간당 얼마를 주니까 자기 시간을 다 팔아 종일 일하는 것은 잘못입니다. 그리고 기도하지 않습니다.

기도를 빼앗긴 것입니다. 종일 일하고 탈진해서 집에 오면 끄덕끄덕 졸며 텔레비전을 보다가 잠듭니다.

당신은 어떻습니까? 기도 시간이 얼마나 귀한지 알아야 합니다. 기도 한 시간 하는 것은 1억보다 귀합니다.

모든 시간이 귀하지만, 기도 시간은 가장 귀합니다.

만약 한 시간에 1억을 줄 테니 그 시간에 기도하라면 어떻게 하겠습니까? 많은 사람이 기도할 것입니다. 나는 그런 돈과 상관없이 뜻을 정하고 하루에 10시간씩 기도하기 시작했습니다. 어제도 11시간을 기도했습니다.

이것은 돈 11억을 버는 것보다 더 귀한 일입니다.

내 힘으로 그렇게 기도하는 것이 아닙니다. 내 안에서 강물처럼 흐르는 성령의 기름 부음을 따라 영으로 기도하기 때문에 그렇게 오래 기도하는 것이 가능한 것입니다.

성령의 기름 부음이 나로 하여금 기도하게 합니다.

나는 행복한 마음으로 종일 기도합니다. 그런 나를 보고 어떤 사람은 뒤에서 이렇게 중얼거립니다.

"그렇게 기도만 하고 있으면 돈이 나오나? 밥이 나오나? 그 시간에 밖에 나가서 일하며 돈을 벌어야지."

나는 다르게 생각한다고 말합니다.

"기도하면 돈도 나오고 밥도 나온다. 하지만 가장 귀한 것 곧 하나님의 말씀에 대한 깨달음이 온다. 이러한 깨달음은 억만금의 돈보다 귀하고 수억 그릇의 밥보다 귀하다. 그리고 기도하면서 주님께 물으면 주님의 세미한 음성이 들린다. 나는 그 음성 한 마디를 10억보다 귀하게 여긴다. 나는 다른 어떤 시간보다 기도 시간을 가장 귀하게 생각한다. 기도는 주님과 함께 시간을 보내는 것이다. 나는 종일 기도한다는 스케줄 때문에 1년 365일이 바쁘다. 그리고 사람을 만나는 스케줄은 먼저 주님께 묻고 그분이 허락하시는 경우만으로 최소한 잡는다. 당신도 사람은 짧게 만나고 주님은 길게 만나라. 종일 기도에 헌신하라. 주의 종에게 있어 이보다 더 귀하고 행복한 일은 세상에 없다."

내가 가난할 때 종일 기도하고 있는데 주님이 내게 말씀하셨습니다. '너는 가난하지 않다. 너는 억만장자다.'

돈은 있다가도 없고 없다가도 있습니다. 하나님이 하루 만에 1억, 10억을 주십니다. 수천억도 주십니다. 자동차도 주시고 집도 빌딩도 주십니다. 돈보다 기도를 더 귀하게 여기십시오. 하나님은 기도하는 사람을 쓰십니다.

나를 주의 종으로 부르신 성령님께서 내게 귀한 은사를 주셨습니다. 어떤 은사일까요? 지혜의 말씀의 은사, 믿음의 은사, 능력 행함의 은사, 방언의 은사 등 많이 주셨습니다. 그리고 나를 "책을 쓰라"고 부르시고 '책 쓰는 기름 부음'을 주셨습니다. 그런 기름 부음이 어디 있냐고요? 성경에 나오는 인물들이 그냥 책을 썼다고 생각합니까? 아닙니다. 책을 쓸 때 기름 부음이 흘렀습니다.

물론 성경 기록은 끝났고 일점일획도 더 하거나 뺄 수 없습니다. 지금은 성경 말씀을 깨닫고 그 내용을 책으로 써내는 것입니다. 여기에도 기름 부음이 있어야 합니다.

내 책에 그런 기름 부음이 있기 때문에 내 책을 읽은 사람들의 믿음이 회복되고 또 내게 흐르는 기름 부음이 그 책에 담겨 그들에게 전이되기도 하는 것입니다. 나는 내 힘으로 책을 한 줄도 못 씁니다. 그래서 나는 하루에 5시간, 10시간씩 기도하면서 기도하는 중에 책을 씁니다.

기도하는 중에 내게 책 쓰기의 기름 부음이 흐릅니다.

하나님께서 '내가 너에게 준 깨달음을 귀하게 여기고 책에 담아라. 한 권이 아니라 많이 써내라'고 말씀하셨습니다. "책에 써서 후세에 영원히 있게 하라."(사 30:8)

하지만 내 스스로의 힘으로는 책을 쓰지 못하기 때문에 날마다 아침에 눈을 뜨면 성령님께 도움을 구합니다.

"성령님, 오늘도 책을 쓰고 출간하게 해 주세요."

책을 한 권 써내는 것도 귀한 일인데, 하나님은 내가 100권이 넘는 책을 써내게 하셨습니다. 그 책들을 통해 성령님이 어떤 분인지 소개하고 또 책에 '믿음의 은사'가 흐르고 있어 그 책을 읽는 사람들의 낙심한 믿음이 회복됩니다. 겨자씨 같이 작은 믿음이 태산 같이 커지고 태산 같이 큰 문제가 겨자씨 같이 작아집니다. 신기한 일입니다.

당신도 내가 쓴 책을 다 구입해서 읽기 바랍니다.

성령님이 내게 믿음의 은사를 주셨다

다섯째, 성령님은 내게 큰 믿음을 주신 분입니다.

당신은 기도하는 것마다 응답을 잘 받고 있습니까?

나는 그동안 많은 기도 응답을 받았습니다. 기도 응답은 그냥 우주나 하늘에서 뚝 떨어지는 것이 아니라 성령님을 통해 주어집니다. 성령님은 이 세상 모든 것보다 실제적인 분이십니다. 우리는 그분을 존중히 모셔야 합니다.

성령님은 믿음의 영이시며, 오직 믿음과 함께 일하십니다. 예수님은 "네 믿음대로 되라. 네 믿음이 크다. 이만한 믿음을 만나 본 적이 없다. 네 믿음이 너를 구원하였다"고 하셨습니다. 예수님은 오직 믿음을 통해서만 그들을 치유하셨고 믿지 않는 자들은 꾸짖으셨고 믿음이 떨어지지 않기를 기도하셨습니다. 믿음을 귀한 줄 알기 바랍니다.

어떤 사람은 자신에게 있는 그 믿음이 당연한 줄로 알고 귀하게 여기지 않습니다. 그러다 믿음이 떨어지면 갑자기 숨이 막히고 우울해지고 잠이 안 온다는 것을 알게 됩니다. 그때 '아, 내가 그동안 믿음으로 살았구나. 이 믿음이 정말 귀한 것이었구나'라는 것을 깨닫게 됩니다.

나도 그런 적이 있습니다. 믿음이 떨어지니 염려와 근심, 두려움이 밀려왔습니다. 새벽에 잠에서 깨면 정신이 어지럽고 혼란스러웠습니다. 마음이 우울해지고 숨을 제대로 쉴 수 없게 되었습니다. '어, 이게 뭐지?'

이때 산소 호흡기를 대는 것처럼 다시 믿음을 공급받아야겠다는 생각이 간절했습니다. 365일 늘 내 가슴을 덮고 있었던 믿음의 은사가 하루만 뒤로 밀려났는데 그 하루 동안 숨을 제대로 못 쉬게 된 것입니다. 그때 나는 교회에 가서 종일 기도했습니다. 그리고 믿음의 은사가 가득한 내 책을 다시 꺼내 읽자 믿음이 완전히 회복되었습니다.

당신도 기도하고 믿음의 책을 꺼내 읽기 바랍니다.

다른 책을 수백 권 읽어도 믿음이 회복되지 않는데, 믿음의 은사가 흐르는 내 책을 읽으면 믿음이 회복됩니다.

내가 쓴 책에는 믿음의 말씀인 하나님의 말씀이 가득 담겨 있고 그것을 믿음의 은사로 잘 설명했기 때문에 내가 쓴 책을 읽으면 믿음이 생기고 회복되고 커집니다.

한 사람이 "성경책과 하나님을 아무리 믿으려고 해도 안 믿어진다"고 했습니다. 그가 내 책을 읽고 믿음이 생겼다고 했습니다. 지금은 믿음의 장군이 되었습니다. 이것이 저술 사역입니다. "성경책만 있으면 되지 않나요?"

성경책과 함께 '복음 전도자'가 있어야 합니다.

복음 전도자의 역할은 중요하며 이는 곧 '성령의 나타남'입니다. 성경책은 '하나님의 말씀'이고 내가 쓴 책은 나의 분신으로 내 대신 복음 전도자의 일을 합니다.

하나님은 내게 믿음의 은사를 주셨고 그 믿음의 은사가 내가 쓴 책에 가득 담겨져 있습니다. 이러한 믿음의 은사가 얼마나 귀한지 알고 소중하게 여겨야 합니다.

"믿음이 없이는 하나님을 기쁘시게 할 수 없다. 믿음은 바라는 것들의 실상이요 보이지 않는 것들의 증거다"라고 했는데, 그런 믿음을 주시는 분도 또 그 믿음대로 바라는 모든 것을 실상으로 만들어 주시는 분도 성령님이십니다.

나는 19세에 성령을 받은 후로 공책에 꿈과 소원 목록을 적었습니다. 하나님은 막연한 하나님이 아닙니다. 구체적인 기도 제목을 원하십니다. 예수님도 물으셨습니다.

"네 소원이 무엇이냐? 네 소원대로 되라."

그분이 알아서 다 치유하신 것이 아닙니다.

그분은 구체적인 기도에만 응답하셨습니다.

그러므로 당신도 구체적인 꿈과 소원 목록을 적어야 합니다. 하나님은 구체적인 것을 좋아하십니다. 하나님이 천지 만물을 창조하실 때 어떻게 하셨습니까? 구체적으로 모든 것의 종류와 경계와 연한을 정하셨습니다. 방주와 성막을 지을 때도 매우 구체적으로 지시하셨습니다.

사람들이 왜 구체적으로 적고 구하지 않을까요?

많은 이유가 있겠지만 내가 생각하기에는 일단 마음이 게을러서 그렇습니다. 생각하기를 싫어하는 것입니다.

성경은 "생각하라, 깊이 생각하라"고 말씀합니다.

어떤 동물도 본능적으로 움직일 뿐 구체적으로 생각하거나 계획하지 않습니다. 오직 하나님의 형상을 닮은 사람에게만 그런 특별한 기능을 주신 것입니다.

사람만이 생각을 통해 꿈과 소원을 품고 말로 의사를 표현하며 하나님과 소통합니다. 그러므로 당신은 반드시 구체적인 기도를 해야 합니다. 그러려면 하나님의 생각과 말씀인 성경책을 읽어야 하고 신앙 선배들이 쓴 믿음의 책을 읽어야 합니다. 그리고 성령님을 삶의 모든 영역에 존중히 모시고 그분과 인격적인 교제를 나눠야 합니다.

나는 어떤 문제로 고민하며 기도하지만 결국 성령님께 묻습니다. 이때 성령님의 세미한 음성 한 마디를 들으면 내 가슴에 믿음이 가득해집니다. 그분이 말씀하십니다.

'아들아, 이렇게 하면 된다.'

그 음성을 듣고 나면 모든 염려와 근심이 사라집니다.

당신도 성령님께 묻기 바랍니다.

'성령님. 어떻게 할까요?'

아들아, 귀한 것을 귀하게 여겨라

당신은 하나님이 주신 것을 정말 귀하게 여깁니까?

나는 큰 것이든 작은 것이든 하나님이 주신 것이라면 다 귀하게 여깁니다. 마귀가 주는 것은 다 하찮게 여기고 버립니다. 마귀의 것은 모두 예수 이름으로 물리칩니다.

존귀하신 하나님이 당신의 기도에 응답하므로 당신에게 주신 것은 모두 귀한 것입니다. 그것을 하찮게 여기는 것은 마귀에게 속는 것입니다. 마귀는 속삭입니다.

'그건 별 거 아니야. 하찮은 거야.'

그렇지 않습니다. 하나님이 주신 것들은 다 소중하고 귀합니다. 내가 왜 이렇게 밤낮 자판을 두드리며 많은 책을 써낼까요? 하나님이 주신 깨달음을 귀하게 여기기 때문입니다. 나도 한 때 이렇게 생각한 적이 있습니다.

'한 권만 쓰고 그것이 베스트셀러가 되면 그만이야.'

과연 그럴까요? 책 한 권이 꼭 수백만 부가 팔려야 가치
가 있는 걸까요? 아닙니다. 어떤 책은 작가가 심혈을 기울
여 몇 년 만에 쓰고 겨우 출간했는데, 단 한 사람만 읽을
수도 있습니다. 그런데 그 한 사람이 변화되어 수억의 영
혼을 전도하고 한 나라와 세계를 변화시키기도 합니다.

책의 힘은 엄청납니다. 하나님이 당신에게 책을 쓰고
그것을 출간하게 하셨습니까? 그것이 얼마나 귀한 것인지
알아야 합니다. 사람은 죽어도 책은 계속 남습니다.

나는 책 쓰기의 힘에 대해 이렇게 말합니다.

"책은 내 대신 전국과 세계를 다니며 전도하고 선교하고
상담하고 가르치고 제자 삼고 수많은 인생을 바꿉니다. 책
을 한 권 써내는 것은 내 대신 목숨 걸고 복음을 전하는 선
교사 수천 명을 파송하는 것과 같습니다. 내 삶과 깨달음을
담은 책을 한 권 써내는 것은 박사 학위 100개보다 낫고 가
문의 영광입니다. 책으로 전도하고 선교하세요."

책만 아니라 하나님이 당신에게 주신 것은 무엇이든지
소중하게 여기기 바랍니다. 한 청년이 말했습니다.

"내 아내는 이런저런 점이 마음에 안 들어요."

나는 그분에게 이렇게 말해 주었습니다.

"그 생각을 바꾸세요. 당신의 아내는 정말 귀한 사람입

니다. 하나님이 짝지어 주신 배우자에 대해 불평하지 말고 존귀하게 여기세요. 당신에게는 가장 귀한 사람입니다."

당신도 아내와 남편을 귀하게 여기기 바랍니다.

하나님이 주신 배우자에 대해 절대 악평하지 마세요.

부모와 자녀, 친구에 대해서도 그렇게 여기고 감사하세요. 부모 없고 자녀 없는 사람이 얼마나 많습니까?

밥 먹을 때 두 손 모아 감사 기도하라

당신은 밥 먹을 때 감사 기도를 합니까?

동물은 기도하지 않고 먹지만, 사람은 밥 먹을 때 그 밥이 귀한 줄 알고 두 손 모아 감사 기도를 해야 합니다.

"하나님, 감사합니다. 억만 번이나 감사합니다."

그 한 끼의 밥이 당신 앞에 차려지기까지를 생각해 보십시오. 당신이 만든 것이 하나도 없습니다. 당신이 쌀을 만들었습니까? 미역을 만들었습니까? 배추나 고추를 만들었습니까? 물이나 불을 만들었습니까? 하나도 없습니다.

하나님이 만들어 주신 것을 가지고 하나님이 주신 지혜로 사람이 맛있게 요리했을 뿐입니다. 집밥을 귀하게 여기고 그것을 먹을 때마다 억만 번이나 감사하기 바랍니다.

"하나님, 귀한 음식을 주셔서 정말 감사합니다."

당신은 하나님이 주신 손으로 음식을 들고 하나님이 주신 입 안에 음식을 넣고 씹습니다. 치아 하나 침 한 방울도 당신이 만든 것이 아닌 하나님이 다 주신 것입니다.

하나님은 모든 사람에게 생명과 호흡을 거저 주시는 분입니다. 당신은 하나님이 아니고는 1분도 살 수 없습니다. 아니 1초도 살 수 없습니다. 모두 그분의 은혜입니다.

하나님이 당신이 기도한 것에 대한 응답으로 집과 차를 주셨나요? 그것이 얼마나 귀한지 알고 감사하기 바랍니다. 차가 있어도 귀한지 모르고 투덜대는 사람, 집이 있어도 귀한지 모르고 밖으로만 나도는 사람이 있습니다.

집이 없어 노숙하는 사람, 고시원과 모텔에서 자는 사람이 많습니다. 여행 가서 호텔에서 하룻밤 자는 것, 그걸 대단한 호사인 줄로 아는데 사실은 그렇지 않습니다.

그보다 억만 배나 귀한 것이 집입니다.

귀한 차니까 깨끗하게 잘 타라

차도 그렇습니다. 하나님이 자기에게 주신 차를 귀한 줄로 모르고 자꾸 남의 차를 기웃거립니다. 그러면 하나님이 당신에게 주신 차를 잃습니다. 잃은 후에 아쉬워하지 말고 그 차를 귀하게 여기고 보석처럼 잘 관리하세요.

나는 얼마 전에 내가 타는 벤츠를 뒤에서 트럭이 박아 망가졌습니다. 사람은 하나도 안 다쳤지만 차가 조금 망가졌습니다. 그걸 수리하려고 서비스 센터에 맡겼는데 수리비가 1,150만 원이 나왔습니다. 그런데도 부품이 없어서 독일에 주문하고 한 달을 기다렸는데, 부품 하나가 더 필요하다며 다시 주문을 넣었다고 했습니다. 그 부품은 전 세계 어디에서도 구할 수 없어서 독일 본사에서 직접 만들어 보내 준다고 했습니다. 모두 두 달이 걸렸습니다.

처음엔 보험회사에서 렌트해 준 차로 25일간 탔는데, 그 후로는 벤츠 센터에서 '금방 뽑은 새 차'라며 출고한 지 일주일 된 차를 무료로 쓰라고 한 달간 빌려주었습니다.

내 차는 두 달 동안 죽었다가 살아난 것입니다. 그런 과정을 통해 하나님이 내게 놀라운 깨달음을 주셨습니다.

'내가 준 그 차가 얼마나 귀한지 알고 항상 감사한 마음을 잊지 마라. 그 차는 귀한 차니까 깨끗하게 잘 타라.'

그렇습니다. 그 차는 내 드림 카였고 전시장에 가서 보고 너무 예뻐서 즉시 산 차입니다. 2014년 11월에 구입했는데 벌써 10년이 되었고 156,522킬로를 탔습니다.

어떤 이는 이렇게 말할 것입니다.

"10년이면 오래 되지 않았나요? 중고차로 팔고 새 차를 사야 하지 않나요? 새로운 기능도 몇 가지 추가하고요."

차는 뽑은 지 하루만 지나면 중고입니다. 그리고 특별한 기능이 많지 않습니다. 네비는 앱으로 되고 요즘은 차를 워낙 잘 만들기 때문에 튼튼해서 오래 탈 수 있습니다.

한 사람이 벤츠를 100만 킬로 탔다는 기사를 본 적이 있습니다. 실제로 그렇게 탄 차가 많습니다. 100만 킬로면 지구 25바퀴입니다. 지구 둘레는 4만 75킬로입니다.

나는 전에 그 차를 100년간 100만 킬로를 탄다고 말하곤 했습니다. 이제 10년, 15만 킬로 밖에 타지 않았는데 내 마음이 좀 소홀해졌던 것입니다. 나는 회개했습니다.

나는 생각을 바꾸고 그 예쁜 차가 빨리 수리되어 집으로 돌아오게 해 달라고 기도했습니다. 차가 집으로 오니 내 마음이 무척 기뻤습니다. 나는 생각했습니다.

'와, 귀한 차가 왔다. 잘 타야지.'

하나님이 주신 것을 귀한 줄로 알아야 합니다.

당신에게 지금 어떤 것이 있나요? 집이나 차, 신발과 옷, 핸드폰과 노트북 등 그것이 무엇이든 당신이 기도해서 응답으로 받은 것이라면 귀하게 여기십시오. 아내와 자녀, 부모와 형제, 친척과 친구도 정말 귀합니다.

집이 월세라고요? 그 집을 귀하게 여기세요. 그런 집도 얻지 못하는 사람이 전 세계에 수억 명이나 됩니다.

하나님이 주신 교회, 주의 종도 귀하게 여기십시오.

그 집 팔 생각은 1도 하지 마라

나는 하나님이 주신 것들에 대해 귀하게 여기지 않아 잃은 적이 많고 죽었다 다시 살아난 것도 많습니다.

한 독자가 내게 찾아와 말했습니다.

"김열방 목사님, 제가 산 집을 잃게 되었습니다. 필요한 돈이 아직 안 들어왔어요. 우리가 하나님이 명하신 땅에서 하나님이 주신 집에 살고 있는데, 어떻게 해야 할까요?"

나는 그 집은 귀한 집이니, 그 집을 팔 생각은 1도 하지 말고 어떻게든 돈 문제를 해결하라고 알려주었습니다.

"하나님께 구하고 환경에서 찾고 사람들에게 부탁하며 두드리세요. 그러면 어떻게든 돈을 주십니다. 하나님이 명하신 땅에 머무세요. 하나님이 주신 집을 지키세요. 돈 문제 때문에 팔아넘기지 마세요. 법적인 문제를 다 해결하고 은행 대출도 알아보세요. 한군데만 아니라 백 군데라도 가 보세요. 안 된다는 부정적인 생각과 말은 하지 마세요."

하나님이 주신 것이라면 강아지 한 마리, 볼펜 한 자루,

신발 한 켤레, 옷 한 벌, 동전 한 개도 귀하게 여기십시오.

그러면 하나님이 더 많은 복을 주실 것입니다.

찾아내기까지 부지런히 찾으라

당신은 찾아내기까지 부지런히 찾습니까?

나는 내가 원하는 은사, 책, 집, 차, 땅, 옷, 신발을 찾아내기까지 부지런히 찾았습니다. 어떤 것은 3년, 어떤 것은 10년이 걸렸습니다. 그리고 결국 그것을 얻었습니다.

예수님은 잃은 드라크마 비유를 드셨습니다.

"어떤 여자가 열 드라크마가 있는데 하나를 잃으면 등불을 켜고 집을 쓸며 찾아내기까지 부지런히 찾지 아니하겠느냐?"(눅 15:8)

여기에 보면 그냥 한두 번 찾다가 포기한 것이 아닙니다. "찾아내기까지 부지런히 찾았다"고 했습니다. 당신도 그렇게 해야 합니다. 드라크마는 은전인데 노동자의 하루 품삯이고 지금으로 치면 약 10만 원 정도의 가치입니다.

그 드라크마는 결혼할 때 남편이 사랑의 증표로 준 것이므로 그 여인에게는 매우 소중한 것이었습니다.

하나님이 주신 소중한 것을 어떻게든 지키세요.

"저는 다 포기했습니다. 잃어도 괜찮습니다."

하나님이 주시지 않은 것은 그래도 되지만, 하나님이 주신 것이라면 결코 잃으면 안 됩니다. 아브라함도 자기 아들을 모리아 산에서 하나님께 제물로 드릴 때 그 아들을 결코 포기하지 않았습니다. 그는 분명히 "우리가 돌아오겠다"고 말했습니다. "내가 아이와 함께 저기 가서 예배하고 우리가 너희에게로 돌아오리라."(창 22:5)

하나님이 주신 것을 끝까지 붙드는 것이 믿음입니다.

아브라함은 하나님의 음성에 순종했지만 하나님이 자신에게 주신 것을 끝까지 마음에서 놓지 않았습니다.

그는 비록 죽는다 할지라도 죽은 자를 다시 살리시는 하나님을 믿었습니다. "그가 하나님이 능히 이삭을 죽은 자 가운데서 다시 살리실 줄로 생각한지라. 비유컨대 그를 죽은 자 가운데서 도로 받은 것이니라."(히 11:19)

하나님이 주신 가족과 집, 직장과 음식, 차와 옷, 책과 은사 등을 귀하게 여기기 바랍니다. 그리고 세상에서 가장 귀한 일은 바로 한 영혼이 회개하고 주님께로 돌아오는 것 곧 전도입니다. 그래서 나는 이렇게 기도합니다.

"주여, 잃은 영혼을 주소서."

성령님을 사랑하는 것이 가장 존귀한 일이다

세상에서 가장 존귀한 것은 무엇일까요?

세상에서 가장 존귀하신 분인 성령님을 사랑하는 것입
니다. 이 땅에 성령님이 오시기 전에는 누가 계셨나요?

근본 하나님의 본체이신 예수님이 인간의 몸을 입고 이
땅에 오셨습니다. 예수님은 창조주 하나님이십니다.

우주 만물이 그로 말미암아 지은 바 되었고 그를 위하
여 지은 바 되었습니다. 또한 예수님은 만왕의 왕이시요
만주의 주이십니다. 그러므로 그 당시에는 가장 존귀하신
예수님을 사랑하는 것이 가장 존귀한 일이었습니다.

이사야 선지자는 이렇게 말했습니다.

"우리도 그를 귀히 여기지 않았다."(사 53:3)

사람들은 그분을 아주 멸시했습니다. 그분은 사람들에게 버림을 받았고 간고를 많이 겪으셨고 질고를 아는 분이셨습니다. 사람들이 그에게서 얼굴을 돌렸고 그분은 멸시를 당하셨습니다. 모든 사람이 덩달아 그를 귀하게 여기지 않았습니다. "그는 멸시를 받아 사람들에게 버림받았으며 간고를 많이 겪었으며 질고를 아는 자라. 마치 사람들이 그에게서 얼굴을 가리는 것 같이 멸시를 당하였고 우리도 그를 귀히 여기지 아니하였도다."(사 53:5)

예수님은 그렇게 사람들을 위해 십자가에서 비참하게 죽으셨습니다. 그분은 실로 사람들이 받아야 할 고통을 대신 받고 사람들이 겪어야 할 슬픔을 대신 겪었습니다.

그러나 사람들은 그분이 징벌을 받아서 하나님에게 맞으며 고난을 받는다고 생각했습니다. 예수님은 가장 존귀하신 분인데 존중받지 못하셨습니다. 그것은 세상 죄를 지고 가는 하나님의 어린 양으로 오셨기 때문입니다.

그런데 수많은 사람들 중에 오직 한 사람이 예수님을 뜨겁게 사랑하고 자기가 가진 전 재산과 같은 향유를 예수님의 머리에 부었습니다. 그는 마리아였습니다. 그는 사람들이 보기에 가장 천박한 여인이었지만 이 일을 하므로 예수님께 가장 존귀한 사람으로 인정받았습니다.

그 여인은 하녀의 위치에서 많은 일을 한 것이 아니라 신부의 위치에서 많은 사랑을 한 것입니다.

'많은 일'보다 중요한 것은 '많은 사랑'입니다.

누가복음 10장 38~42절을 보십시오.

"그들이 길 갈 때에 예수께서 한 마을에 들어가시매 마르다라 이름하는 한 여자가 자기 집으로 영접하더라. 그에게 마리아라 하는 동생이 있어 주의 발치에 앉아 그의 말씀을 듣더니 마르다는 준비하는 일이 많아 마음이 분주한지라. 예수께 나아가 이르되 주여 내 동생이 나 혼자 일하게 두는 것을 생각하지 아니하시나이까 그를 명하사 나를 도와주라 하소서. 주께서 대답하여 이르시되 마르다야 마르다야 네가 많은 일로 염려하고 근심하나 몇 가지만 하든지 혹은 한 가지만이라도 족하니라. 마리아는 이 좋은 편을 택하였으니 빼앗기지 아니하리라 하시니라."

예수님은 마리아가 가장 귀한 일을 했다고 칭찬하셨고 그가 그 어떤 사람보다 존귀한 사람이라고 말씀하셨습니다. 마리아는 단순한 노동이 아닌 뜨거운 사랑을 했습니다. 이 사랑과 비교할 수 있는 것, 이 사랑과 바꿀 수 있는 것은 없습니다. 일하지 말아야 한다는 말이 아닙니다.

바울은 "누구든지 일하기 싫어하거든 먹지도 말게 하

라"고 했습니다. "게으른 자를 멀리 하고 그에게서 떠나라"고까지 말했습니다. 마리아도 평생 번 돈과 같은 향유 200데나리온을 예수님께 부어 그분의 장례를 준비했습니다. 노동은 귀한 일이지만 사랑은 가장 귀한 일입니다.

가정과 교회, 기업에서 노동하는 사람은 귀합니다.

노동을 통해 기본적인 의식주가 공급되기 때문입니다. 하지만 사랑하는 사람은 가장 귀합니다. 사랑을 통해 감동적인 로맨스가 이뤄지기 때문입니다. 성경에 "하나님은 노동이심이라"고 하지 않고 "하나님은 사랑이심이라"고 했습니다. 하나님을 사랑하는 것이 가장 귀한 일인데, 구약에는 여호와 하나님, 신약에는 예수님, 그리고 지금은 여호와의 영이자 예수의 영이신 성령님을 사랑하는 것이 가장 귀한 일입니다. 당신은 성령님을 사랑하십니까?

당신은 성령님께 있어 하녀가 아닌 신부입니다. 신부는 신랑에게 있어 세상에서 가장 존귀한 사람입니다. 가장 존귀한 사람은 가장 존귀한 일을 계획해야 합니다.

이사야 32장 8절에 "존귀한 자는 존귀한 일을 계획하나니 그는 항상 존귀한 일에 서리라"고 했습니다.

나는 이 말씀대로 항상 존귀한 일에 서기 원합니다.

세상에서 가장 존귀한 사람은 신부이며, 신부가 해야하는 가장 존귀한 계획은 신랑을 사랑하는 것이며, 가장 존귀한 일은 신랑과 뜨겁게 연애하는 것입니다. 그런 신부에게 있어 이 세상에서의 120년 인생은 '노동하는 공사장'이 아닌 '연애하는 연애장'입니다.

하나님은 세상을 창조하시고 에덴동산을 창설하실 때 노동 장소가 아닌 연애 장소로 만드셨습니다. 그런데 아담이 죄를 짓고 에덴동산에서 쫓겨난 순간부터 저주를 받아 이마에 땀을 흘려야 먹고 살 수 있게 된 것입니다.

태초에 하나님은 연애하기 위해 에덴동산을 거니셨습니다. 아담과 하와는 동산을 거니시는 하나님과 연애했습니다. 거기에 마귀가 몰래 들어와 아담의 순수한 마음을 망쳐 놓은 것입니다. 다시 첫 사랑을 회복해야 합니다.

성령님을 사랑하는 것이 가장 존귀한 일이다

2천 년 전에 예수님이 이 땅에 오셨습니다.

그 당시 세상에서 사람이 할 수 있는 가장 존귀한 일은 바로 예수님을 사랑하는 것이었습니다. 돈, 명예, 건물, 학벌, 숫자, 사람, 일을 사랑하는 것이 아니었습니다. 그런 것은 모두 티끌과 먼지와 같습니다. 아무것도 아닙니다.

지금은 어떨까요? 그 예수님이 성령으로 우리 가운데

와 계신다는 것을 알고 성령님을 사랑해야 합니다.

이것이 세상에서 가장 존귀한 일입니다. 다른 모든 것은 사랑에 비하면 한 방울 물과 같고 아무것도 아닙니다.

이사야 선지자는 이 사실을 말했습니다.

"보라, 그에게는 열방이 통의 한 방울 물과 같고 저울의 작은 티끌 같으며 섬들은 떠오르는 먼지 같으리니 레바논은 땔감에도 부족하겠고 그 짐승들은 번제에도 부족할 것이라. 그의 앞에는 모든 열방이 아무것도 아니라. 그는 그들을 없는 것 같이, 빈 것 같이 여기시느니라. 그런즉 너희가 하나님을 누구와 같다 하겠으며 무슨 형상을 그에게 비기겠느냐."(사 40:15~18)

지금은 예수의 영이신 성령님을 마음을 다하고 목숨을 다하고 힘을 다하고 뜻을 다해 뜨겁게 사랑하는 것이 곧 예수님을 사랑하는 것입니다. 바울은 고린도전서 13장에 "네가 모든 것이 있어도 사랑이 없으면 네게 아무 유익이 없고 그 모든 것이 아무것도 아니다"라고 했는데, 이것은 단순히 '이웃 사랑'을 말하는 것이 아닙니다. '그리스도와 교회의 사랑'에 대한 것입니다. 그리고 바울은 에베소 교회에 이렇게 인사하며 편지했습니다.

"우리 주 예수 그리스도를 변함없이 사랑하는 모든 자에게 은혜가 있을지어다."(엡 6:24)

기도하는 것이 가장 존귀한 계획이다

당신은 존귀한 자로 존귀한 계획을 세웁니까?

나는 성령님께 있어 가장 존귀한 신부와 같습니다.

그래서 존귀한 사람답게 가장 존귀한 계획을 세웁니다.

가장 존귀한 계획은 무엇일까요? 그분과 친밀하게 인격적으로 교제를 나누는 것입니다. 그것이 '기도'입니다.

그래서 나는 '종일 기도' 하는 계획을 세웁니다.

종일 기도는 9시~5시까지 기도하는 것을 말합니다.

종일 기도에 대해 자세히 알고 싶으면 내가 쓴 〈종일 기도〉라는 책을 꼭 구입해서 읽어보기 바랍니다.

"그러면 365일 종일 기도를 하나요?"

그렇지는 않습니다. 365일 중에 300일을 하던 65일을 하던 중요한 것이 아닙니다. 그렇게 하겠다고 뜻을 정하고 기도에 헌신하는 것이 중요합니다. 1년에 하루를 해도 괜찮습니다. 하루라도 날을 떼어 종일 기도한다면 어떤 일이 일어날까요? 주 7일 일하던 사람이 예수 믿고 주 6일 일하게 되는데, 요즘은 세상 사람들도 주 5일 일합니다.

그러면 출근하지 않는 날은 무엇을 해야 할까요?

잡다한 모임과 만남, 놀이나 일이 아닌 기도에 헌신해야 합니다. 나는 매일 성령님께 도움을 구합니다.

"성령님, 제가 잡다한 모임에 가지 않게 해 주세요. 잡다한 생각과 말을 하지 않고 잡다한 일과 공부를 하지 않게 해 주세요. 잡다한 것에 빠지지 않게 해 주세요."

성령님께 묻지 않기 때문에 육신의 소욕을 따라 잡다한 것에 빠지는 사람이 있습니다. 그러면 성령님의 기름 부음이 사라집니다. 더 많은 공부를 위해 대학교에 진학하거나 학원에 등록하는 것도 성령님께 물어야 합니다.

"성령님, 어떻게 할까요? 이 공부를 꼭 해야 할까요?"

"얼마나 해야 할까요? 1년, 4년, 10년?"

성령님이 하라고 하시면 하라고 하신 만큼만 하십시오.

성령님이 원하시는 공부만 하고 멈추고 더 나가지 마십시오. 사람의 말을 듣고 이 학교 저 학교를 기웃거리지 마십시오. 어떤 사람은 잡다한 공부를 끝도 없이 합니다.

대학교를 하나 졸업하고 또 입학하고 졸업하고를 반복하며 몇 개의 졸업장을 받습니다. 대학 생활에 재미를 붙인 것이지요. 하기야 초 중 고등학교 12년이 넘는 기간 '학교'라는 상자에서 지냈기 때문에 학교에 갈 때마다 편안하고 익숙할 것입니다. 50이 넘었는데 학교 가방을 등에 매고 다니는 사람이 많습니다. 그런 잡다한 공부에는 끝이 없다는 것을 알고 이제 그만 멈추십시오.

자격증도 그렇습니다. 수십 개의 자격증을 끝도 없이

딴다고 인생을 허비합니다. 자신에게 꼭 필요한 자격증 몇 개만 있으면 됩니다. 잡다한 공부와 일에 빠지지 않도록 주의하십시오. 진짜 필요한 것은 더 많은 기도입니다. 우리는 더 많이 공부하기보다 더 많이 기도해야 합니다.

나는 120세까지 평생 '종일 기도' 하기로 뜻을 정했습니다. 물론 종일 기도하지 못하는 날도 있지만 그래도 괜찮습니다. 그런 날은 움직이면서 계속 기도합니다. 걸으면서 기도하고 차 안에서도 기도합니다. 침대에 누워서도 기도하고 새벽에 일어나면 침대에 걸터앉아 기도합니다.

기도는 사람이 이 땅에서 할 수 있는 가장 존귀한 일입니다. 기도는 창조주 하나님과 대화하며 시간을 보내는 것이기 때문입니다. 기도는 대통령과 대화하는 것보다 억만 배나 존귀한 일입니다. 나는 영마몸, 곧 영으로도 기도하고 마음으로도 기도하고 몸으로도 기도합니다.

나는 일상에서도 쉬지 않고 기도합니다.

일어나서 자기까지 계속 기도합니다. 어떻게 기도할까요? 눈 뜨면 가장 먼저 그분에게 인사합니다. "성령님, 안녕하세요? 행복합니다. 사랑합니다. 감사합니다."

그리고 나는 모든 것을 항복하고 양도합니다.

"성령님, 항복하고 양도합니다."

길을 걸을 때도 "함께 가시지요"라고 말씀드립니다.

순간마다 "성령님. 어떻게 할까요?"라고 묻습니다.

나는 하루 종일 성령님과 함께 숨 쉬고 말하고 듣고 봅니다. 그분과 함께 걷고 뛰고 일하고 드라이브합니다.

성령님은 조금 좋은 분이 아닙니다. 가장 좋은 분입니다. 성령님은 조금 귀한 분이 아닙니다. 가장 귀한 분입니다. 가장 귀한 분을 가장 귀한 줄로 알아야 합니다.

성령님은 인격자이십니다. 어떤 관계든지 상대방을 인격적으로 존중하는 것이 가장 먼저입니다. 상대방을 인격적으로 존중하지 않으면서 많은 보화를 가슴에 안겨 준들 그게 무슨 소용입니까? 그 모든 것은 가증한 것입니다.

성령님은 창조주 하나님이십니다. 그분에게는 돈이나 은금이 필요한 것이 아닙니다. 그분은 존중받기를 원하십니다. 그것도 조금이 아닌 가장 존중 받기를 원하십니다.

성령님은 당신이 아는 세상 모든 사람들 곧 82억의 사람들보다 더욱 존귀한 분이십니다. 억만 배나 존귀한 분이십니다. 한 마디로 그분은 '가장 존귀하신 분'입니다.

입술을 열고 중얼거리며 이렇게 말해 보십시오.

"가장 존귀하신 나의 성령님."

황홀한 마음으로 황홀하게 살라

당신은 성령님의 애인으로 황홀하게 삽니까?

성령님께 황홀한 사랑을 받아 누리고 황홀한 마음으로 그분을 사랑해야 합니다. 천국에서만 아니라 이 땅에서도 황홀한 옷과 집, 차와 보석 등을 당당히 누려야 합니다. 황홀한 신부이기 때문입니다. 당신은 하녀가 아닙니다.

천국에는 종과 아들이 없습니다. 신부만 있습니다.

아담의 갈빗대로 하와를 만드신 하나님이 예수님의 갈 빗대로 교회를 만드셨습니다. 갈빗대를 빼내신 것은 아니 지만 갈빗대에 창이 닿아 피와 물을 쏟으시므로 그렇게 하 신 것입니다. 천국에 가면 어떤 잔치가 열릴까요?

자녀에게 있는 '입양 잔치'가 아닙니다.
종에게 있는 '승진 잔치'가 아닙니다.
신부에게 있는 '혼인 잔치'입니다.

당신은 이 땅에서 먹고 살기 위해 죽어라고 일하다가, 죽어서 천국이라는 대기업에 재취직하는 것이 아닙니다.

이 땅에서만 주의 종, 입양이 있고 천국에서는 그런 것 이 없습니다. 신부만 있습니다. 그래서 '어린 양의 혼인 잔 치'라고 하는 것입니다. 천국은 하나님이 다스립니다.

천국에는 일이 없고 사랑만 있습니다.

천국에 가면 부르심도 없고 은사도 없습니다. 천국에서는 지혜의 말씀의 은사로 가르칠 일이 없습니다. 지식의 말씀, 믿음의 은사, 병 고치는 은사, 능력 행함의 은사, 예언과 영분별, 방언과 통역의 은사가 다 필요 없습니다.

천국에서는 목사와 교인이 따로 없습니다.

어린 양이신 그리스도와 신부의 황홀한 사랑과 행복만 있을 뿐입니다. 그리스도는 하나님의 어린 양이요 하나님의 본체입니다. 성경은 이렇게 말씀합니다.

"어린 양의 혼인 기약."(계 19:7)
"어린 양의 혼인 잔치"(계 19:9)
"어린 양이 그 성전이심이라."(계 21:22)
"어린 양이 그 등불이 되심이라."(계 21:23)
"어린 양의 생명책."(계 21:27)
"어린 양의 보좌."(계 22:1)
"어린 양의 아내."(계 21:9)

주님을 사랑하는 마음이 황홀하고 주님의 사랑을 받는 마음이 황홀합니다. 지금부터 황홀한 마음으로 모든 것을 누리세요. 이것이 황홀한 신부의 존재 가치입니다.

좋은 옷이나 차도 귀하지만 그것보다 억만 배나 귀한

것은 주님을 뜨겁게 사랑하는 마음입니다.

　나도 좋은 것을 많이 누리지만 그 모든 것보다 주님을 사랑하는 마음을 가장 귀하게 생각합니다. 내 얼굴에는 성령님의 기름 부음이 흐르고 있고 항상 빛이 납니다.

　시편 84편 9절에 말씀합니다. "우리 방패이신 하나님이여, 주께서 기름 부으신 자의 얼굴을 살펴보옵소서."

　다윗은 말했습니다. "주께서 내 머리에 기름을 부으셨으니 내 잔이 넘치나이다." 그렇습니다. 머리에 주님이 부어 주신 성령의 기름 부음이 강물처럼 흐르는 인생이 황홀한 인생입니다. 이런 인생이 가장 존귀한 인생입니다.

　"황홀하다"는 말은 '눈이 부시어 어릿어릿할 정도로 찬란하거나 화려하다. 어떤 사물이나 사람에게 마음이나 시선이 빼앗겨 마음이 크게 들뜬 상태'를 말합니다. 주님이 당신에게 그러하며, 당신도 주님에 대해 그래야 합니다.

　이것이 최고입니다. 주님께서 나를 부르셨습니다.

　'나의 사랑하는 신부야. 너는 존귀한 사람이다.'

　그리고 이렇게 말씀하셨습니다.

　'작은 일 때문에 마음 아파하지 마라.'

　하루는 울며 기도할 때 이렇게 말씀하셨습니다.

　나의 신부야,

네 가슴이 아프면
내 가슴도 아프다.

네가 우울하면
나도 우울하고
네가 답답하면
나도 답답하다.

네가 기쁘면
나도 기쁘고
네가 행복하면
나도 행복하다.

네가 황홀하면
나도 황홀하고
네가 춤추면
나도 춤춘다.

아프지 마라.
우울하지 마라.

다 괜찮다.
크게 생각하라.

당신은 무엇 때문에 그리 마음 아파합니까?
사실 다른 모든 일은 해도 되고 안 해도 됩니다.

'안 하면 절대로 안 돼. 반드시 해야 돼'라고 생각하지만 결국 그 모든 일이 좋든 나쁘든 다 지나갑니다. 하지만 가장 귀한 일 한 가지는 꼭 해야 합니다. 무엇일까요?

성령님을 사랑하는 일입니다.

다른 모든 문제는 당신 밖에 있는 것이고 티끌 같이 작은 일입니다. 하지만 성령님을 사랑하는 일은 당신 안에 있는 것이고 태산처럼 큰일입니다. 한번뿐인 소중한 인생에 있어 가장 귀한 일, 이것을 잃으면 다 잃는 것입니다.

큰 꿈과 소원을 갖고 있다고요? 그것을 위해 목숨 걸어야 한다고요? 그렇지 않습니다. 사람이 그렇게 목숨 걸어야 하는 일은 없습니다. 단 한 가지, 하나님을 사랑하는 일에 목숨 걸어야 합니다. 그래서 "마음을 다하고 목숨을 다해 주 너의 하나님을 사랑하라"고 한 것입니다.

예수 그리스도의 영이신 성령님을 사랑하는 마음은 5천조 원보다 크고 귀하고 가치 있습니다.

신부의 존재감과 하녀의 존재감은 하늘과 땅 차이입니다. 신부는 황홀함을 누리고 하녀는 천박함에 거합니다.

종의 존재감은 '노동'에 있고 아들의 존재감은 '신분'에 있고 신부의 존재감은 '마음'에 있습니다. 당신의 진정한 가치는 '노동 가치'가 아닌 '존재 가치'에 있습니다.

가족에 대해서도 그런 마음을 가져야 합니다. 그러면

그들을 인격적으로 사랑하고 존중하게 됩니다.

어떤 사람은 자신의 존재감을 드러내기 위해 유명한 사람들을 만나 그들을 접대하려고 합니다. 그리고 다른 사람에게 "내가 그 사람을 만났다"고 말하며 자랑합니다.

그런 일은 해도 그만, 안 해도 그만입니다. 하나님이 보실 때는 다 소용없는 짓입니다. 나는 예수님 만난 이야기를 가장 크게 여기고 그 이야기를 가장 많이 합니다.

예수님이 내 인생을 바꾸었기 때문입니다.

당신은 주님의 신부이며, 가장 고상한 사람입니다.

고상한 사람은 고상한 계획을 세우고 고상한 일을 하고 고상한 옷을 입고 고상한 차를 타고 고상한 집에 살고 고상한 자리에 서야 합니다. 그것도 평생 한두 번이 아닌 항상 그렇습니다. 진짜 큰 존재감은 노동이 아닌 사랑입니다. 수입이 아닌 신분입니다. 마르다처럼 많은 일로 염려하고 근심하지 말고 마리아처럼 한 가지만 선택하십시오.

그래도 당신의 잔이 넘칩니다.

하루 종일 분주하게 돌아다니며 일하는 사람보다 조용히 앉아 기도하며 말씀 읽는 사람이 더 존귀합니다. 그 사람이 하나님의 눈에 존재감이 더 큽니다. 세례 요한도 그랬습니다. 다윗은 시편 23편에 이것을 노래했습니다.

"내가 여호와의 집에 영원히 거하리로다."

돈 문제로 울지 마세요

이 땅에서 돈 문제로 너무 힘들어하지 마세요.

하나님은 당신에게 그 모든 돈이 있어야 할 줄 아십니다. 돈 문제를 해결한다고 너무 애쓰지 마십시오.

사람의 몸에는 100조 개의 세포가 있습니다.

하나에 1원이라고 해도 100조 원이고 10원이라면 천조 원이 됩니다. 사람에게는 영마몸, 곧 몸만 아니라 마음과 영도 있으니 한 사람의 존재 가치는 온 천하보다 귀합니다. 예수님만큼 귀합니다. 이것은 노동 가치가 아닌 존재 가치를 말하는 것입니다. 그런 당신에게 주님께서 이렇게 말씀하신다면 당신의 마음이 어떨까요?

"나의 사랑하는 신부야, 너는 존재만으로도 100조 원이 넘는다. 너의 존재 가치는 100조 원이다. 100조 원보다 작은 돈 문제는 조금도 염려하지 마라. 10억이든 100억이든 다 작다. 어떻게든 내가 다 채워 줄게. 울지 마라."

그렇습니다. 하나님이 하루 만에 다 주십니다.

기적을 기대하세요.

기도하는 시간은 가장 존귀한 시간이다

당신은 자신의 가치가 얼마쯤 된다고 생각합니까?

하나님이 보시기에 당신은 독생자 예수 그리스도와 맞바꿀 정도로 세상에서 '가장 존귀한 사람'입니다. 가장 존귀한 사람은 가장 존귀한 일을 계획해야 합니다.

그 일이 무엇일까요? 기도하는 일입니다.

초대교회 사도들은 말했습니다. "우리는 오로지 기도하는 일과 말씀 사역에 힘쓰리라."(행 6:4)

기도하는 일과 말씀 사역은 귀한 일이 아닙니다. 가장 존귀한 일입니다. 다른 모든 것은 가장 존귀한 일이 아닙니다. 그냥 귀한 일일 뿐입니다. 해도 되고 안 해도 됩니다. 필요에 따라 적당히 하면 됩니다. 기억하세요.

당신이 어떤 좋은 일과 프로그램을 진행하든 그것은 가장 귀한 일이 아닙니다. 그냥 귀한 일일 뿐입니다. 귀한 일을 하는 것도 필요하지만 성령님은 그런 일을 위해 이 땅에 오신 것이 아닙니다. 그분은 '가장 존귀한 일을 위해' 오셨습니다. 그것은 곧 기도하는 일과 말씀 사역입니다.

이것을 다른 잡다한 일과 바꾸면 안 됩니다.

하나님은 그런 안일한 자를 악하다고 책망하십니다.

"존귀한 자는 존귀한 일을 계획하나니 그는 항상 존귀한 일에 서리라. 너희 안일한 여인들아, 일어나 내 목소리를 들을지어다. 너희 염려 없는 딸들아, 내 말에 귀를 기울일지어다."(사 32:8~9)

예수님의 부르심을 받은 사도들, 그들은 '가장 존귀한 사명'을 받은 '가장 존귀한 주의 종들'로 '가장 존귀한 일'을 해야 했습니다. 왜일까요? '가장 존귀하신 성령님'이 '가장 존귀한 복음'을 증언하기 위해 그들에게 임하셨기 때문입니다. 그런데 그들은 교회가 성장하고 교인도 많아지고 재정도 많아지자 '가장 귀한 일'을 내팽개치고 그냥 '귀한 일'에 푹 빠져들었습니다. 그것이 무엇일까요?

과부를 접대하는 일 곧 구제하는 일이었습니다.

사도행전 6장 1~7절을 보십시오.

"그 때에 제자가 더 많아졌는데 헬라파 유대인들이 자기의 과부들이 '매일의 구제'에 빠지므로 히브리파 사람을 원망하니 열두 사도가 모든 제자를 불러 이르되, 우리가 하나님의 말씀을 제쳐 놓고 '접대를 일삼는 것'이 마땅하지 아니하니 형제들아 너희 가운데서 성령과 지혜가 충만하여 칭찬 받는 사람 일곱을 택하라 우리가 이 일을 그들에게 맡기고 우리는 오로지 기도하는 일과 말씀 사역에 힘쓰리라 하니 온 무리가 이 말을 기뻐하여 믿음과 성령이 충만한 사람 스데반과 또 빌립과 브로고로와 니가노르와 디몬과 바메나와 유대교에 입교했던 안디옥 사람 니골라를 택하여 사도들 앞에 세우니 사도들이 기도하고 그들에게 안수하니라. 하나님의 말씀이 점점 왕성하여 예루살렘에 있는 제자의 수가 더 심히 많아지고 허다한 제사장의 무리도 이 도에 복종하니라."

하지만 스데반과 빌립 집사는 과부 접대하는 일에 빠지지 않고 계속 가장 존귀하신 성령님과 함께 가장 존귀한 복음을 전하는 일에 힘썼습니다. "스데반이 은혜와 권능이 충만하여 큰 기사와 표적을 민간에 행하니."(행 6:8)

이처럼 은혜와 권능이 충만하여 큰 기사와 표적을 민간에 행하는 사람은 구제하는 일에 푹 빠진 사람이 할 수 있는 일이 결코 아닙니다. 당신은 동사무소 직원이나 자선 단체에서 일하는 사람 중에 그런 사람을 본 적이 없을 것입니다. 스데반과 빌립은 오직 기도하는 일과 말씀 사역에 힘썼습니다. 하나님은 엉뚱한 일 곧 잡다한 일에 빠진 예루살렘 교회를 심한 박해를 통해 모두 흩으셨습니다.

그 흩어진 자들이 무엇을 했습니까? 가장 존귀하신 성령님과 함께 가장 존귀한 복음을 전했습니다.

목회자라고 다 같은 목회자가 아닙니다. 철학 박사 학위를 갖고 대형 교회를 목회하며 높은 강단에서 멋지게 설교한다고 존귀한 목회자가 되는 것이 아닙니다. 가장 존귀하신 성령님의 인도하심을 받는 목회자가 '가장 존귀한 목회자'입니다. 집사라고 다 같은 집사가 아닙니다. 가장 존귀하신 성령님의 인도하심을 받는 집사가 '가장 존귀한 집사'입니다. 가장 존귀한 집사였던 빌립을 보십시오.

"그 흩어진 사람들이 두루 다니며 복음의 말씀을 전할새 빌립이 사마리아 성에 내려가 그리스도를 백성에게 전파하니 무리가 빌립의 말도 듣고 행하는 표적도 보고 한마음으로 그가 하는 말을 따르더라. 많은 사람에게 붙었던 더러운 귀신들이 크게 소리를 지르며 나가고 또 많은 중풍병자와 못 걷는 사람이 나으니 그 성에 큰 기쁨이 있더라."(행 8:4~8)

스데반과 빌립은 다른 일에 빠지지 않았습니다.

잡다한 일에 빠지지 마라

당신은 지금 어떤 일에 빠져 있습니까?

어떤 사람은 골프에 빠지고 또 어떤 사람은 영어 공부에 빠집니다. 어떤 사람은 여행에 빠지고 또 어떤 사람은 등산에 빠집니다. 물론 그런 일은 귀한 일입니다. 그것을 하지 말라는 말이 아니라 푹 빠지지 말라는 것입니다.

한 사업가가 골프를 배우기 시작했습니다. 그런데 너무 재미있어서 거기에 푹 빠져들었습니다. 그러자 신기하게 사업이 정체되고 즉시 수익과 성장이 멈추게 되었다고 했습니다. 그는 즉시 골프를 그만 두기로 결단했습니다.

"제가 골프에 푹 빠지니까 자나 깨나 골프 생각만 하게 되었고 그러니 사업이 제대로 안되었어요. 사업이란 것이 유능한 직원에게 다 맡겨 놓으면 저절로 돌아갈 것 같지만 절대로 그렇지 않습니다. 회사의 대표인 제가 늘 신경 쓰며 지혜롭게 잘 경영해야 합니다."

그런 그가 지금은 다시 골프를 한다고 했습니다. 하지만 적당히 즐길 뿐이지 빠져들지는 않는다고 했습니다.

그렇습니다. 적당히 해야 하는 것이 있고 빠져들어야 하는 것이 있습니다. 무엇일까요? 귀한 일은 적당히 하고 가장 존귀한 일에 빠져들어야 한다는 것입니다. '귀한 일'과 '가장 존귀한 일'을 구분하십시오. 그러면 당신은 반드시 성공하고 그 성공을 계속 유지하게 될 것입니다.

한 세계적인 교회의 목사님이 건강이 많이 나빠져 병원에 가니 의사가 운동해야 한다고 말했습니다.

"목사님은 꼭 운동을 하셔야 합니다. 축구, 탁구, 수영, 달리기 등 여러 가지 운동이 있지만, 목사님에게 꼭 필요한 운동은 골프입니다. 골방에서 기도만 하지 말고 연습장에서 일주일에 한 번 정도는 골프를 치셔야 합니다. 그 정도는 운동해야 건강하게 오래 사역할 수 있습니다."

그래서 골프를 치게 되었는데, 목사가 골프 친다고 비난을 듣기도 했습니다. 지금은 골프가 목회자들 사이에도 많이 보급되었지만 30년 전만 해도 그렇지 않았습니다.

그분은 해외에 집회를 인도하러 나가도 가끔 골프장에 간다고 했습니다. 그분과 함께 골프장에 간 〈한 시 동안도 깨어 있을 수 없느냐?〉라는 책을 쓰고 미국 전역에서 한 시간 기도 운동을 일으킨 '래리 리'라는 목사님이 집회 일정 중에 쉬는 시간이 있어 그분과 함께 골프를 치러 갔는데 공을 친 후에 그 공이 어디로 날아갔는지 보지도 않고 편하게 골프를 치더라는 것입니다. 그분은 생각했습니다.

'이게 뭐지? 내가 많은 사람들과 골프를 쳐봤지만, 이렇게 편하게 치는 분은 처음 봤어. 그리고 골프 치는 내내 자기 혼자 입술로 뭐라 뭐라고 중얼거리잖아.'

그래서 물어보니 그분이 골프를 치면서 계속 방언으로 기도하며 성령님과 친밀하게 교제를 나눈다는 것입니다.

"성령님, 그 일에 대해 어떻게 생각하시나요?"

그렇게 몇 시간 동안 골프를 치고 함께 차를 타고 숙소로 돌아오는데, 차 안에 하나님의 영광이 가득히 임하는 바람에 자기도 모르게 갑자기 눈물이 쏟아졌다고 했습니다. 이유도 모른 체 계속 눈물을 흘리면서 말했습니다.

"목사님, 이 차 안에 성령님의 임재가 가득합니다."

그분이 대답했습니다.

"저도 압니다."

그분은 다른 목사님과 함께 골프를 쳤지만 그것은 편안하게 즐기며 운동하는 정도였고 그분의 모든 관심은 오직 '가장 존귀하신 성령님'께 있었고 오직 '복음 전도'에만 초점을 맞추고 있었던 것입니다. 이것이 비결입니다.

한 목사님은 평생의 한이었던 영어 공부에 빠지기 시작했습니다. 밤낮 오직 영어, 영어, 영어에 미쳤습니다.

그러자 기도와 말씀을 소홀히 하고 영어에만 몰두하여

결국 영어 박사가 되었습니다. 그는 생각했습니다.

'내가 이렇게 영어를 잘하게 되었는데, 뭐라도 하나 해서 남겨야 하지 않을까?'

그래서 세계적인 철학자의 책을 한 권 골라 번역해서 출간했고 그 수입도 짭짤했습니다. 슬프게도 그분은 그 철학자가 하나님을 경외하는 사람이 아닌 그리스 신화에 빠진 사람이었다는 것을 나중에야 알게 되었습니다.

어쨌든 그 목사님은 평생 어디 가서 존중받지 못했는데 영어 책을 번역 출간하니 인정받았고 자신이 영어 때문에 귀한 사람이 되었다고 생각했습니다. 하지만 그게 다 무슨 소용입니까? 그분은 가장 존귀하신 성령님과 가장 존귀한 복음을 잃고 말았습니다. 그러면 다 잃은 것입니다.

당신도 혹시 지금 그런 형편에 처하지 않았습니까?

주님께서 에베소 교회에 말씀하셨습니다.

"네가 어디서 떨어졌는지 생각하고 회개하라."

당신은 어디에 빠져 있습니까? 골프, 등산, 여행, 공부, 육아, 살림, 구제, 커피, 향수, 인테리어, 사업, 온갖 프로그램과 행사 등이 모두 귀한 일입니다. 하지만 그 모든 일보다 억만 배나 귀한 분이 있습니다. 성령님입니다.

'가장 존귀하신 성령님'을 한순간도 잊으면 안 됩니다.

나도 골프를 치고 운동도 합니다. 영어도 하고 사업도

합니다. 하지만 가장 존귀하신 성령님과 함께 가장 존귀한 복음을 전하는 일을 '핵심 가치'로 여기고 그 일에만 푹 빠져들고 다른 모든 것은 적당히 합니다. 골프를 프로처럼 잘 쳐야 하는 것이 아닙니다. 적당히, 어느 정도만 할 줄 알면 되고 꼭 시합해서 이겨야 하는 것이 아닙니다.

그냥 귀한 일이었던 '종일 구제'에 빠졌던 사도들은 정신을 차리고 '가장 존귀한 일을 하겠다'고 뜻을 정했습니다. "우리는 오로지 기도하는 일과 말씀 사역에 힘쓰리라."(행 6:4) 당신도 이런 뜻을 정해야 합니다.

나는 한 시간 기도하는 것을 1억보다 귀하게 여깁니다.

기도는 그 이상의 가치가 있습니다. 기도보다 귀한 것은 없습니다. 기도에 평생 헌신하기 바랍니다.

하루에 한 시간, 두 시간, 한나절, 종일 기도하기 바랍니다. 기도하며 말씀을 읽고 깨달음을 얻으십시오.

이것이 가장 존귀한 일입니다.

가장 존귀한 재산은 성령의 기름 부음이다

당신은 더 많은 기름 부음을 사모하고 구합니까?

나는 날마다 무릎 꿇고 두 손을 들고 더 많은 기름 부음을 달라고 간구합니다. 나는 더 많은 기름 부음을 사모합니다. 내 안에 있는 기름 부음과 내 밖으로 나타나는 기름 부음은 다릅니다. 요한일서 2장 27절에 "너희는 주께 받은바 기름 부음이 너희 안에 거하나니"라고 했습니다.

이것은 내 안에 받은 기름 부음으로 진리와 거짓에 대한 분별력을 줍니다. 이러한 기름 부음을 귀하게 여겨야 합니다. "아무도 너희를 가르칠 필요가 없고 오직 그의 기름 부음이 모든 것을 너희에게 가르치며 또 참되고 거짓이 없으니 너희를 가르치신 그대로 주 안에 거하라"고 했습니다. 이것은 미혹하는 자들에 관한 기름 부음입니다.

사도 요한은 말했습니다. "너희를 미혹하는 자들에 관하여 내가 이것을 너희에게 썼노라."(요일 2:26)

이러한 기름 부음은 예수를 구주로 믿을 때 성령님이 내주하시므로 주어지는 것입니다. 이것이 귀합니다. 하지만 당신은 여기서 머물지 말고 더 넓은 곳 곧 다른 사람에게 복음을 전하는 사역의 장소로 나아가야 합니다.

많은 사람들이 구원 받은 그 자리에 머뭅니다.

엘리사가 엘리야를 만나 그를 따를 때 네 가지 여정이 나옵니다. 길갈, 벧엘, 여리고, 요단입니다. 엘리사는 중간에 멈추지 않고 끝까지 따라갔습니다. 그로 인해 갑절의 영감을 받았습니다. 우리도 더 깊은 곳으로 가야 합니다.

길갈의 기름 부음에서 머물지 말라

첫째, 길갈의 기름 부음입니다.

엘리야와 엘리사는 길갈에 갔습니다. 길갈은 '구원의 장소'입니다. 길갈은 '애굽의 수치가 굴러갔다'는 뜻이며 여호수아가 머물렀던 장소입니다. "여호와께서 여호수아에게 이르시되 내가 오늘 애굽의 수치를 너희에게서 떠나가게 하였다 하셨으므로 그 곳 이름을 오늘까지 길갈이라 하느니라."(수 5:9) 애굽의 노예로 살던 이스라엘 백성들이 모세를 통해 구원을 받게 되었고 그 감격에 젖어 사는 곳입니다. 하지만 우리는 여기에 머물면 안 됩니다.

많은 사람들이 말합니다.

"나는 구원 받았어. 하나님의 자녀가 되었어. 하나님과 나와의 관계는 부자 관계야. 이것보다 더 큰 것이 어디 있겠어. 이것은 영원히 변하지 않는 최고의 은혜야."

맞습니다. 이것이 길갈의 기름 부음입니다.

이것을 굳게 붙들고 살아가고 있다고요? 잘하고 있습니다. 하지만 하나님은 당신에게 "거기에 머물지 말고 더 깊은 곳으로 담대하게 나아가라"고 말씀하십니다.

많은 사람들이 여기에 머물며 더 이상 깊은 곳으로 나아가지 못합니다. 그리고 남은 인생 전부를 먹고 사는 문제로 염려하며 보냅니다. 그 중심에 돈이 있습니다.

돈 문제는 끝이 없습니다. 돈 문제를 성령님께 양도하고 앞으로 나아가야 합니다. 복음을 위해 헌신하세요.

어떤 사람은 결혼해서 자녀 낳고 돈 벌고 집 사고 여행하면 그것으로 끝이라고 생각합니다. 살아가는 목적과 방향이 세상 사람들과 다를 바 없이 한 평생을 보냅니다.

그들은 매일 '돈돈' 하며 자고 깹니다. 끝도 없이 돈 문제만 해결하다가 인생을 마감합니다. 그렇지 않습니다.

나는 모든 돈 문제를 성령님께 양도했습니다.

물론 돈 문제는 이 땅에서 살아가는 동안 뗄 수 없는 중요한 문제입니다. 하지만 하나님은 평생 그렇게 살라고 당신을 구원하신 것이 아닙니다. 그분은 당신이 돈이 아닌 하나님께 헌신하기를 원하십니다. 돈을 위해 세상 기업에 헌신하는 것이 아닌 복음을 위해 하나님의 나라에 헌신하기 원하십니다. 하나님 나라에 평생 헌신하십시오.

나는 12세에 예수님을 구주로 믿고 길갈의 기름 부음을 받았습니다. 하지만 그 다음에 어떻게 살아야 할지 몰랐습니다. 내 꿈은 유명한 만화가나 세계적인 디자이너가 되는 것이었습니다. 주위 사람들이 내게 그림 그리는 천재적인 재능이 있다며 예술가의 길을 걸으라고 했습니다. 그 목소리를 따라 3년 동안 밤낮 그림을 그렸습니다. 모든 남자들이 그렇듯 나는 세상에서 크게 성공하고 싶었습니다.

그런 어느 날 한 사람이 내게 말했습니다. "교회만 다닌다고 되는 것이 아니다. 반드시 성령을 체험해야 한다."

나는 대답했습니다. "나는 지금 죽어도 천국에 들어가. 나는 예수를 구주로 믿고 구원받았어. 하나님의 자녀가 되

없어. 이것이 전부야. 그 이상 뭐가 필요해."

그러면서도 내게는 죄와 마귀와 세상과 육체를 이길 힘이 없다는 것을 여러 책을 읽으면서 깨달았습니다.

'교회만 다닌다고 되는 게 아니구나. 내게 성령의 권능이 필요하구나. 그렇다면 성경에서 약속한 그 능력은 어디에 있지? 무디, 스펄전, 칼뱅, 루터, 웨슬레 등 모두 받았다는 그 성령의 불과 기름 부음이 내게도 필요해.'

나는 구원에 머무는 것이 아닌 나의 삶과 세상을 바꿀 성령의 권능을 어떻게든 얻겠다고 결단하고 14일간 금식했습니다. 하지만 아무 일도 일어나지 않았습니다.

나는 크게 실망했습니다.

"하나님, 왜 저에게는 아무런 응답을 주시지 않나요?"

그래도 나는 포기하지 않고 계속 사모하며 기다렸습니다. 한번은 동네 부흥회에 갔는데, 맨 앞줄에 앉은 아주머니 한 분이 합심 기도하는 중에 큰 소리로 유창한 방언을 말하는 것이었습니다. 나는 충격을 받았습니다.

'나도 저렇게 성령을 받고 방언을 받고 싶어. 저분은 무엇을 어떻게 했기에 저런 귀한 은혜를 받았을까?'

며칠 후 교회에서 예배하는데 한 고3 누나가 대표 기도를 하게 되었습니다. 그 누나는 성령을 받아서 아주 유창하고 신령한 기도를 했습니다. 다른 사람들의 대표 기도도 많이 들어보았지만 그 누나의 기도는 달랐습니다.

'내게도 저런 기도의 능력이 필요해. 나도 받고 싶어.'

나는 구원 받은 하나님의 자녀가 되었지만 여전히 나약한 내 모습을 보면서 그렇게 살지 않겠다고 마음먹었습니다. 예수님의 제자들도 그랬습니다. 그들은 예수님과 함께 3년을 지냈고 그분이 행하시는 많은 치유와 기적을 보았습니다. 베드로는 "주는 그리스도시요 살아 계신 하나님의 아들이십니다"(마 16:16)라고 믿음의 고백을 했습니다.

예수님은 베드로에게 "이를 내게 알게 한 이는 혈육이 아니요 하늘에 계신 내 아버지다"(마 16:17)라며 그것이 기름 부음을 통한 고백임을 알게 하셨고 그 고백 위에 "내가 내 교회를 세우겠다"(마 16:18)고 하셨습니다.

그런데 갑자기 박해가 오자 베드로는 예수님을 세 번 부인했고 다른 제자들도 모두 예수님을 부인하고 도망갔습니다. 그들은 예수님처럼 자신의 육신을 쳐서 복종시키며 기도하지 않았을 뿐만 아니라 환난과 박해를 이길 성령의 힘이 없었습니다. 도대체 어떻게 해야 할까요?

500명의 제자들은 부활하신 예수님이 구름을 타고 하늘로 올라가시는 것을 보았지만 380명이 떠났습니다.

예수님이 "너희는 예루살렘을 떠나지 말고 아버지의 약속하신 것을 기다리라"고 당부했지만 그들은 '이 정도면

됐어. 여기서 멈추자'라며 돌아섰던 것입니다.

당신도 그렇지 않나요? 왜 거기에 머물고 뒤로 물러갔나요? 더 이상의 박해는 감당하기 힘들다고 생각되었나요? 좀 더 잘 먹고 잘살기 위해서였나요? 사람이 잘 먹고 잘살면 얼마나 잘 먹고 잘살까요? 다 자기 목숨을 사랑해서 그렇습니다. 자기 목숨을 미워해야 합니다.

예수님은 "누구든지 나를 따라오려거든 자기 목숨을 미워해야 한다"고 하셨습니다. 목숨을 위해 무엇을 먹을까 마실까 입을까 염려하지 말고 더 많은 기름 부음을 위해 앞으로 나아가야 합니다. 나는 날마다 내 목숨을 성령님께 양도합니다. 나는 내 목숨을 위해 살지 않기로 했습니다.

예수님을 따르려면 자기 목숨까지 미워해야 합니다.

예수님의 말씀에 순종하여 앞으로 나아가기를 원했던 120명은 예루살렘으로 돌아가 다락방에 모여 성령의 권능을 사모하는 마음으로 간절히 10일간 기도했습니다.

"여자들과 예수의 어머니 마리아와 예수의 아우들과 더불어 마음을 같이하여 오로지 기도에 힘쓰더라."(행 1:14)

오순절에 그들에게만 성령이 임했고 그들은 모두 하늘의 권능을 받고 예수님의 강력한 증인이 되었습니다.

나도 그들처럼 길갈의 기름 부음에 머물지 않고 앞으로 나아가겠다며 날마다 더 많은 기름 부음을 구했습니다.

그것이 무엇일까요? 벧엘의 기름 부음입니다.

벧엘의 기름 부음에서 머물지 말라

둘째, 벧엘의 기름 부음입니다.

엘리야와 엘리사는 벧엘로 갔습니다. 벧엘은 어떤 곳일까요? '예배와 헌신의 장소'입니다. 그곳은 아브라함이 장막을 치고 여호와의 이름을 부르며 예배했던 곳이며, 야곱이 돌베개를 베고 잠을 자고 기둥에 기름을 붓고 서원했던 곳입니다.(창 28:1~22) 우상 숭배하며 점치는 외삼촌 라반의 집에서 14년간 먹고 살기 위해서 힘겹게 일했던 야곱에게, 요셉이 태어나자 하나님께서는 "너는 벧엘을 기억하고 네 고향으로 돌아가라"고 말씀하셨습니다.

"나는 벧엘의 하나님이라. 네가 거기서 기둥에 기름을 붓고 거기서 내게 서원하였으니 지금 일어나 이곳을 떠나서 네 출생지로 돌아가라."(창 31:13)

그리고 야곱은 6년 후에 거부가 되었고 20년 만에 그곳을 떠났습니다. 야곱은 병들고 망한 것이 아니라 건강하고 부자가 되어 고향으로 돌아갔습니다. 중요한 것은 야곱이 '주의 음성'을 들었고 그 음성에 순종했다는 것입니다. 야곱은 벧엘에서 하나님의 천사와 씨름하고 환도뼈가 부러졌는데, 이때 이름을 '이스라엘'로 바꾸게 되었습니다.

사무엘은 벧엘에서 하나님의 음성을 들었습니다.

당신은 언제 주님의 음성을 들었습니까? 주님의 음성을 듣지 못하면 수십 년이 지나도 거기서 성장이 없습니다.

당신은 왜 지금의 삶에 만족하고 거기에 머뭅니까?

앞으로 어떻게 살아야 할지 주님께 물으세요.

주님께서 당신에게 말씀하십니다.

'혈통과 육정과 사람의 뜻을 따라 살지 마라. 그렇게 육신을 따라 사는 것을 이제는 그만 멈추라. 성령을 따라 신령과 진정으로 예배하며 복음 전도에 헌신하라.'

즉시 일어나 주님께서 명하신 장소로 가십시오.

여리고의 기름 부음에서 머물지 말라

셋째, 여리고의 기름 부음입니다.

여리고는 '영적 전쟁의 장소'입니다. 여리고는 내려가는 곳이며 시험과 유혹, 환난과 박해, 시련과 고난이 있는 장소입니다. 여기서 많은 사람들이 멈추고 뒤로 물러나는데, 오히려 마귀를 대적하고 하나님을 경배해야 합니다.

예수님은 선한 이웃에 대한 비유에서 "한 사람이 예루살렘에서 여리고로 내려가다가 강도를 만났다"고 하셨습니다. 그 사람은 거기서 여러 종교 지도자를 만났지만 도움을 얻지 못하다가 마지막에 선한 이웃을 만났습니다.

나도 교회에서 외식하는 종교 지도자들을 통해 상처를 받았지만 세상에서 가장 선한 이웃인 예수님을 만났고 그분으로부터 내 모든 연약함과 질병이 치유 받았습니다.

예수님이 40일 금식하며 마귀의 유혹을 받고 기록된 말씀으로 물리친 곳도 여리고 근처입니다. 여호수아가 전쟁을 앞두고 기도하고 찬송하며 믿음으로 칠 일 동안 여리고를 도니 그 성이 무너졌습니다. 여기는 사람의 목소리나 마귀의 목소리가 아닌 오직 '기록된 말씀'을 붙들고 싸우며 절대로 뒤로 물러가지 말아야 하는 장소입니다.

당신은 어떤가요? 왜 사람들의 말을 듣고 뒤로 물러가고 중간에 포기합니까? 포기하면 끝입니다.

맹인 바디매오는 여리고에서 예수님을 만났고 큰 소리로 부르짖다가 제자들에게 책망을 들었습니다. 하지만 그는 포기하지 않고 더 큰 소리로 부르짖었습니다. 그 결과 한참 침묵하셨던 예수님의 발걸음을 멈추게 했고 자신의 눈이 치유 받게 되었고 새로운 세상이 열렸습니다.

당신도 장애물이 있다고 뒤로 물러가면 안 됩니다. 더

크게 부르짖어 기도하면서 앞으로 뚫고 나가야 합니다.

엘리야는 엘리사에게 "여기에 머물라"고 했습니다. 그 말은 진짜로 거기에 머물라는 의미가 아니었습니다. "여호와께서 나를 여리고로 보내시느니라"(왕하 2:4)고 했기 때문입니다. 그 말은 곧 "진짜로 나를 따라올 의향이 있느냐? 그러면 목숨을 내놓고 따라오라"는 의미였습니다.

당신에게도 분명히 그런 거절의 목소리가 있었을 것입니다. 주의 종들이 기도하는 사람을 보고 말합니다.

"네가 뭔데 그렇게 설치느냐? 잠잠하라."

나도 그랬습니다. 내가 합심 기도 시간에 큰소리로 기도할 때 전도사님 한 분이 내 등을 세게 쳤습니다.

"네가 뭔데 그런 식으로 크게 기도하느냐? 조용해라."

또 그런 적이 있었습니다. 내가 다른 학생들에게 성령이 임하도록 기도해 줄 때 목사님이 와서 쳤습니다.

"이거 미친 거 아냐? 도대체 뭐 하는 짓이야."

순간 모든 기도가 멈췄고 다들 침울했습니다. 하지만 나는 뒤로 물러가지 않았습니다. 그분들을 원망하지도 불평하지도 미워하지도 않았습니다. 나는 그들이 그러던 말던 기록된 말씀을 따라 행동했습니다. 사도행전에 나오는 초대교회처럼 계속 예배당과 교육관, 집에서 사람들을 앞혀 놓고 성령을 받도록 기도했습니다. 노인과 아이들, 친

척과 친구, 교사와 학생, 청년 등 모두들 성령을 받고 뜨거
워졌으며, 그렇게 기도의 불이 붙자 자기들끼리 몇 명씩
집에 모여 가족 구원을 위해 울며 기도했습니다.

나는 아이들에게 물었습니다.

"너희들은 그렇게 집에 모여서 뭐 하니?"

"계속 합심으로 기도하고 있어요."

"잘하고 있다. 계속 그렇게 해라."

나는 그렇게 20대 시절에 가는 곳마다 성령의 불, 기도
의 불을 붙였습니다. 지금도 그렇지만 그때도 귀신이 쫓겨
나갔습니다. 초등학교 5학년 아이가 기도하는 중에 갑자
기 소리를 질렀습니다. "안 가. 안 가." 그러면서 내게 욕
을 마구 퍼부었습니다. 나는 그 아이에게 손을 얹으며 예
수 이름으로 담대하게 꾸짖으며 명령했습니다.

"더러운 귀신아, 이 아이에게서 나가라."

그러자 즉시 귀신이 나갔고 아이는 눈물을 펑펑 흘리며
"예수님, 사랑합니다"라고 고백했습니다. 그 아이가 지금
은 한 목사님의 사모가 되어 교회를 섬기고 있습니다.

성령이 임하면 방언을 말하고 귀신이 쫓겨 나가고 병이
치유됩니다. 예언을 말하고 환상을 보고 꿈을 꿉니다.

그런 반면 박해도 옵니다. 그럴 때 도망가지 말고 골방
에 들어가 더 많이 기도해야 합니다. 나는 골방에 쪼그리

고 앉아 울며 몇 시간씩 기도했고 성령님은 내 믿음을 더 강하게 하셨습니다. 주의 종으로서 주의 일을 하다가 어떤 문제가 생겼습니까? 그때 도망가지 말고 기도의 골방으로 들어가십시오. 죽어라고 기도하며 더욱 성령님을 의지하십시오. 그러면 더 큰 권능이 나타납니다.

초대교회 사도들이 그랬습니다. 베드로와 요한이 성전 미문에 앉은 병자를 치유했을 때 종교 지도자들은 "공회에서 나가라"고 했습니다. 공회에서 나가면 어떻습니까?

괜찮습니다. 그들은 위협하며 경고했습니다.

"예수 이름으로 말하지 말고 가르치지도 마라."

위협받고 경고 당하면 어떻습니까? 그래도 괜찮습니다.

다 통의 한 방울 물 같고 저울의 작은 티끌 같습니다. 아무것도 아닙니다. 그들을 조금도 두려워할 필요 없습니다. 베드로와 요한이 그들에게 담대하게 말했습니다.

"하나님 앞에서 너희의 말을 듣는 것이 하나님의 말씀을 듣는 것보다 옳은가 판단하라. 우리는 보고 들은 것을 말하지 아니할 수 없다."(행 4:19~20)

사도들과 그 동료들은 사람들이 협박한다고 자기 사역의 자리에서 떠나지 않았고 오히려 함께 모여 더 많은 기름 부음을 달라고 간절히 빌며 하나님께 기도했습니다.

"빌기를 다하매 모인 곳이 진동하더니 무리가 다 성령

이 충만하여 담대히 하나님의 말씀을 전하니라."(행 4:31)

나는 사람들이 교회에서 사역하다가 작은 박해만 와도 '내가 왜 이런 말을 들어야 해?'라며 짜증내며 쉽게 포기하는 것을 보았습니다. 그러면 영적 전쟁에서 집니다.

나는 성령님을 크게 여기고 다른 것은 다 작게 여깁니다. 예수님은 "제자가 선생보다 낫지 못하다. 사람들이 나를 박해하였으니 너희도 박해할 것이다"라고 하셨습니다.

당신이 예수님과 함께 성경에 기록된 대로 사역한다면 반드시 박해가 올 것입니다. 그때 뒤로 물러가면 안 됩니다. 뒤로 물러가면 멸망합니다. 멸망은 '망해서 없어진다'는 뜻입니다. 이것은 구원이 아닌 사역을 말합니다.

돈 문제, 사람 문제 등 각종 문제 때문에 뒤로 물러가므로 하나님이 기름 부으신 사역을 멈춘 주의 종이 많습니다. 당신은 어떤 경우에도 그렇게 물러가지 마십시오.

모든 역경을 헤치고 오직 앞으로만 나아가십시오.

"나의 의인은 믿음으로 말미암아 살리라. 또한 뒤로 물러가면 내 마음이 그를 기뻐하지 아니하리라 하셨느니라. 우리는 뒤로 물러가 멸망할 자가 아니요 오직 영혼을 구원함에 이르는 믿음을 가진 자니라."(히 10:38~39)

엘리사는 목숨을 내놓고 엘리야를 따라갔습니다.

"여호와께서 살아 계심과 당신의 영혼이 살아 있음을

두고 맹세하노니 내가 당신을 떠나지 아니하겠나이다."(왕하 2:4) 당신도 그렇게 하기 바랍니다.

요단의 기름 부음에서 머물지 말라

넷째, 요단의 기름 부음입니다.

요단은 '자아 죽음과 성령의 나타남의 장소'입니다.

예수님이 요단강에서 세례 받고 올라오실 때 성령이 비둘기처럼 임하셨습니다. 그분은 요단강에서 세상 죄를 지고 가는 하나님의 어린 양으로 이미 한 번 죽으셨습니다.

나는 요단강의 자아 죽음의 과정을 몇 번이나 경험했습니다. 하지만 나는 지금도 바울이 "나는 날마다 죽노라"고 고백한 것처럼 날마다 기도하며 자신을 죽입니다.

이 땅에 사는 동안 내 육신이 죽는 방법은 기도 밖에 없습니다. 그래서 예수님은 일어나 따로 한적한 곳에 가서 종일 기도하신 것입니다. 내 육신이 죽어야 성령이 나타나시기 때문입니다. 성령의 나타남을 위해 기도하십시오.

육신의 생각은 사망입니다. 육신의 생각은 하나님과 원수가 되며, 하나님을 기쁘시게 할 수 없습니다. 육신의 생각은 곧 자아의 생각을 말합니다. 자아는 곧 마음이며, 자아의 목소리는 자기 힘으로 뭘 해보겠다며 끝도 없이 머리를 굴리며 떠들어대는 잡생각입니다. 마음의 생각은 교만해서 인간적인 방법과 방향을 추구하며 쉬지 않고 지껄이며 염려하고 고민하고 불안해하고 두려워합니다.

그런 자아를 날마다 부인하고 자기 십자가를 지고 주님을 따라야 합니다. 자기 십자가는 '자기 죽음'을 의미합니다. 한적한 곳에서 오래 기도하므로 자신의 몸을 쳐서 복종시켜야 합니다. 그래야 하나님께 쓰임 받습니다.

어떤 사람은 마음의 생각 곧 자아의 목소리가 떠오르는 대로 계속 입을 벌리고 따라서 지껄입니다. 그 입은 열린 무덤 같습니다. 내 입으로 내가 떠드는데 무슨 상관이냐고요? 자아가 떠들게 두면 하나님의 목소리를 들을 수 없습니다. "그들이 말하기를 우리의 혀가 이기리라. 우리 입술은 우리 것이니 우리를 주관할 자가 누구리요 함이로다." (시 12:4) 기도를 통해 자아가 잠잠하게 하십시오.

잠언에 "미련한 자는 교만하여 입으로 매를 자청한다" (잠 14:3)고 했고 "미련한 자의 입은 그의 멸망이 된다"(잠 18:7)고 했습니다. 무엇보다 입술을 잘 지켜야 합니다.

누구도 자기 입술을 지키고 혀를 제어할 자가 없으므로 그것을 돕기 위해 성령님이 오셨습니다. 성령님은 첫 번째 표적이자 은사로 120명에게 '방언'을 주셨습니다. 방언은 혀를 다스리며 영으로 기도하는 은사입니다. 나는 종일 영으로 기도합니다. 그리고 성령님께 도움을 구합니다.

"성령님, 오늘도 혀를 다스려 주세요. 사람들을 만날 때 제 입에서 세상의 일, 육체의 일을 말하지 않고 오직 하나님의 말씀과 온전한 복음만 말하게 해 주세요."

갑절의 기름 부음이 나타나길 구하라

당신은 갑절의 기름 부음을 구합니까?

나는 더 많은 기름 부음이 나타나게 해 달라고 기도합니다. 내 안에 있는 기름 부음은 '솟아나는 샘물'처럼 넘칩니다. 그것을 위해 나는 두 번 다시 구하지 않습니다.

나는 단지 온 천하에 다니며 만민에게 복음을 전하는 일 곧 '주의 말씀을 전파하기 위해' 더 많은 기름 부음이 필요할 뿐입니다. 이것을 잘 이해해야 합니다.

나는 내 안에 있는 기름 부음이 모자라기 때문에 그것이 증가되기를 바라는 것이 아닙니다. 내 안에 있는 기름 부음은 조금도 부족하지 않고 넘칩니다. 나는 내 밖으로 나타나는 기름 부음이 증가되기를 위해 기도합니다.

엘리사도 그랬습니다. 자신을 위해 갑절의 영감이 필요

한 것이 아니었습니다. 주의 종들과 주의 백성들을 위해 필요했습니다. 다른 생도들은 어땠습니까? 엘리사가 엘리야를 따르는 것을 구경만 하고 있었습니다. 그리고 엘리사가 갑절의 영감을 받고 난 후에 자기들도 그것을 받겠다고 엘리야의 시체를 찾아 나섰습니다.

이미 엘리야는 하늘로 올라갔고 기회는 사라졌습니다. 그들은 엘리야가 아닌 엘리야의 하나님께 기도해야 했습니다. 엘리사는 엘리야의 하나님을 찾으며 끝까지 엘리야를 따랐고 그 결과 갑절의 영감을 받았습니다.

지금 엘리야의 하나님이 당신과 함께 계십니다.

열왕기하 2장에 나오는 '엘리야와 엘리사 이야기'를 읽고 갑절의 영감을 구해서 받기 바랍니다.

"여호와께서 회오리바람으로 엘리야를 하늘로 올리고자 하실 때에 엘리야가 엘리사와 더불어 길갈에서 나가더니 엘리야가 엘리사에게 이르되 청하건대 '너는 여기 머물라. 여호와께서 나를 벧엘로 보내시느니라' 하니 엘리사가 이르되 '여호와께서 살아 계심과 당신의 영혼이 살아 있음을 두고 맹세하노니 내가 당신을 떠나지 아니하겠나이다' 하는지라. 이에 두 사람이 벧엘로 내려가니 벧엘에 있는 선지자의 제자들이 엘리사에게로 나아와 그에게 이르되 '여호와께서 오늘 당신의 선생을 당신의 머리 위로 데려가실 줄을 아시나이까?' 하니 이르되 '나도 또한 아노니 너희는 잠잠하라' 하니라. 엘리야가 그에게 이르되 '엘리사야, 청하건대 너는 여기 머물라. 여호와께서 나를 여리고로 보내시느니라.' 엘리사가 이르되 '여호와께서 살아 계심과 당신의 영혼이 살아 있음을 두고 맹세하노니 내가 당신을 떠나지 아니하겠나이다' 하니라. 그들이 여리고에 이르매 여리고에 있는 선지자의 제자들이 엘리사에게 나아와 이르되 '여호와께서 오늘 당신의 선생을 당신의 머리 위로 데려가실 줄을 아시나이까?' 하니 엘리사가 이르되 '나도 아노니 너희는 잠잠하라.' 엘리야가 또 엘리사에게 이르되 '청하건대 너는 여기 머물라. 여호와께서 나를 요단으로 보내시느니라' 하니 그가 이르되 '여호와께서 살아 계심과 당신의 영혼이 살아 있음을 두고 맹세하노니 내가 당신을 떠나지 아니하겠나이다' 하는지라. 이에 두 사람이 가니라. 선지자의 제자 오십 명이 가서 멀리 서서 바라보매 그 두 사람이 요단 가에 서 있더니 엘리야가 겉옷을 가지고 말아 물을 치매 물이 이리 저리 갈라지고 두 사람이 마른 땅 위로 건너더라. 건너매 엘리야가 엘리사에게 이르되 '나를 네게서 데려감을 당하기 전에 내가 네게 어떻게 할지를 구하라.' 엘리사가 이르되 '당신의 성령이 하시는 역사가 갑절이나 내게 있게 하소서' 하는지라. 이르되 '네가 어려운 일을 구하는도다. 그러나 나를 네게서 데려가시는 것을 네가 보면 그 일이 네게 이루어지려니와 그렇지 아니하면 이루어지지 아니하리라' 하고 두 사람이 길을 가며 말하더니 불수레와 불말들이 두 사람을 갈라놓고 엘리야가 회오리바람으로 하늘로 올라가더라. 엘리사가 보고 소리 지르되 '내 아버지여, 내 아버지여, 이스라엘의 병거와 그 마병이여' 하더니 다시 보이지 아니하는지라. 이에 엘리사가 자기의 옷을 잡아 둘로 찢고 엘리야의 몸에서 떨어진 겉옷을 주워 가지고 돌아와 요단 언덕에 서서 엘리야의 몸에서 떨어진 그의 겉옷을 가지고 물을 치며 이르되 '엘리야의 하나님 여호와는 어디 계시니이까?' 하고 그도 물을 치매 물이 이리 저리 갈라지고 엘리사가 건너니라. 맞은편 여리고에 있는 선지자의 제자들이 그를 보며 말하기를 '엘리야의 성령이 하시는 역사가 엘리사 위에 머물렀다' 하고 가서 그에게로 나아가 땅에 엎드려 그에게 경배하고 그에게 이르되 '당신의 종들에게 용감한 사람 오십 명이 있으니 청하건대 그들이 가서 당신의 주인을 찾게 하소서. 염려하건대 여호와의 성령이 그를 들고 가다가 어느 산에나 어느 골짜기에 던지셨을까 하나이다' 하니라. 엘리사가 이르되 '보내지 말라' 하나 무리가 그로 부끄러워하도록 강청하매 '보내라' 한지라. 그들이 오십 명을 보냈더니 사흘 동안을 찾되 발견하지 못하고 엘리사가 여리고에 머무는 중에 무리가 그에게 돌아오니 엘리사가 그들에게 이르되 '내가 가지 말라고 너희에게 이르지 아니하였느냐' 하였더라."(왕하 2:1~18)

당신에게 갑절의 영감이 나타나기 바랍니다.

당신의 사역을 억만 번이나 축복합니다.

가장 존귀한 기도는 믿음의 기도다

당신은 기도한 후에 잘 기다립니까?

예수님은 제자들에게 "너희가 무엇이든지 기도하고 구하는 것은 받은 줄로 믿으라. 그리하면 그대로 된다"고 하셨습니다. 언제 받은 줄로 믿어야 합니까? "기도하고 구하는 중에"입니다. 무엇을 구합니까? "무엇이든지"입니다.

돈이든, 땅이든, 빌딩이든, 지혜든 무엇이든지 입니다.

하나님이 당신의 기도에 응답하지 않고 침묵하는 것처럼 보이지만 그렇지 않습니다. 하나님이 기도에 응답하실 때는 하루 만에 다 주십니다. 사람들은 말합니다.

"시간이 없어요. 내일이면 경매에 넘어가요."

나는 그들에게 말합니다.

"하루면 시간이 충분합니다. 하나님은 하루 만에 홍해도 가르셨고 반석에서 물을 내셨습니다."

그리고 딱 잘라서 한 마디로 말해 줍니다.

"하루 만에 다 주십니다."

나는 사실 그렇지 못한 적이 많습니다. 나는 성격이 급하고 금방 조바심을 내는 편입니다. 그런 나를 성령님께서는 기다리고 또 기다리게 하셨습니다. 나는 내 힘과 지혜로는 못 기다리는데 성령님의 힘과 지혜로 기다립니다.

나는 잘 기다리게 해 달라고 도움을 구합니다.

"가장 존귀하신 성령님, 제가 요셉처럼 여호와의 말씀이 응할 때까지 잘 기다리게 해 주세요."

큰 꿈을 꾸었으면 기다려야 한다

당신은 큰 꿈을 꾼 후에 잘 기다립니까?

성령이 임한 사람은 꿈을 꾸고 환상을 보고 예언을 말한다고 했습니다. 여기서 말하는 세 가지는 모두 받았다는 믿음에 대한 것입니다. 그게 무슨 말이냐고요?

"언젠가는 이뤄질 거야"라는 식의 막연한 '소망의 꿈, 소망의 환상, 소망의 예언'이 아닙니다. "시간과 공간을 초월해 성령 안에서 이미 다 이루어졌다"는 '믿음의 꿈, 믿음의 환상, 믿음의 예언'을 말합니다. 이해되십니까?

일반적으로 사람들이 '꿈과 환상, 예언'이라고 하면 앞으로 일어날 미래의 일을 떠올립니다. 하지만 하나님께는 사람들이 생각하는 시간 개념과 많이 다릅니다. 하나님께는 하루가 천 년 같고 천 년이 하루 같습니다.

베드로는 말했습니다. "주께는 하루가 천 년 같고 천 년이 하루 같다는 이 한 가지를 잊지 말라." 하나님이 사람에게 꿈과 환상과 예언을 주실 때, 그것을 받는 사람은 거울을 보는 것처럼 희미하지만 하나님께는 얼굴과 얼굴을 대하여 보는 것처럼 다 이루어진 모습이 선명합니다.

하나님은 사람의 마음에 소원을 두고 행하게 하십니다.

소원을 두는 분도 하나님이시고 그것을 행하게 하시는 분도 하나님이십니다. 하나님은 오직 그 사람의 믿음을 통해 그 일을 이루십니다. 나는 내가 어떤 일을 하려고 애쓰지 않습니다. 그 대신 성령님께 항복합니다.

모든 사람의 마음을 움직이는 분은 하나님이십니다.

하나님이 일하실 때 어제까지 절대로 안 될 것 같은 일이 오늘은 저절로 쉽게 됩니다. 기적이 일어납니다.

믿음의 꿈과 환상과 예언이다

사도행전 2장 17~18절을 보십시오.

"하나님이 말씀하시기를, 말세에 내가 내 영을 모든 육체에 부어 주리니 너희의 자녀들은 예언할 것이요 너희의 젊은이들은 환상을 보고 너희의 늙은이들은 꿈을 꾸리라. 그 때에 내가 내 영을 내 남종과 여종들에게 부어 주리니 그들이 예언할 것이요."

여기서 말하는 '환상과 꿈과 예언'이 무엇일까요?

막연한 미래의 일이 아닙니다. 시간과 공간을 초월해서 성령 안에서 이미 이뤄진 환상과 꿈과 예언입니다.

이것을 나는 믿음의 환상, 믿음의 꿈, 믿음의 예언이라고 부릅니다. '믿음의 환상'은 손에 없는데 있는 것처럼 두 눈으로 생생하게 보는 것입니다. '믿음의 꿈'은 손에 없는데 있는 것처럼 머릿속에서 생생하게 생각하는 것입니다. '믿음의 예언'은 손에 없는데 있는 것처럼 입술로 생생하게 말하는 것입니다. 이 모두 소망이 아닌 믿음입니다.

하나님은 믿음의 하나님이시며, 예수 그리스도도 믿음의 주요 또 그 믿음을 완성하시는 분이시고 성령님도 믿음의 영이십니다. 믿음은 바라는 것들의 실상입니다.

당신이 생각하기에 아무리 큰 땅과 빌딩, 돈이라 할지

라도 하나님이 보실 때는 통의 한 방울 물과 같이 작습니다. "보라, 그에게는 열방이 통의 한 방울 물과 같고, 저울의 작은 티끌 같으며, 섬들은 떠오르는 먼지 같으니라."(사 40:15) 그러므로 시간과 공간을 초월해서 다 받았다고 믿고 조금도 의심하지 마십시오. 그러면 그대로 됩니다.

전능하신 하나님이 하루 만에 다 주십니다.

시편 105편에 이 내용이 나옵니다.

기름 부을 자가 아닌 기름 부은 자다

"이르시기를 나의 기름 부은 자를 손대지 말며 나의 선지자들을 해하지 말라 하셨도다."(시 105:15)

당신은 기름 부음을 받을 자입니까? 아니면 기름 부음을 받은 자입니까? 성경은 "기름 부음을 받은 자"라고 말씀합니다. 물론 모든 사람이 기름 부음을 받은 것은 아닙니다. 여기서 "나의 선지자"라고 했는데, 이는 하나님이 말씀을 전하기 위해 택하신 그분의 종을 말합니다.

하나님의 종에게는 사역을 위한 기름 부음이 있습니다.

그런 존귀한 선지자를 함부로 해하면 안 됩니다.

요한일서 2장 27절에 "너희는 주께 받은 바 기름 부음이 너희 안에 거하나니"라고 했습니다. "주께 받을 바 기름 부음이 너희 안에 거할 것이다"라고 하지 않았습니다.

당신은 주님께 받은 기름 부음이 당신 안에 거하고 있다는 사실을 믿습니까? 많은 사람들이 기름 부음을 받기 위해 애쓰고 있습니다. 자기 안에 기름 부음이 가득히 거하고 있다는 사실을 믿지 않기 때문입니다. 기름 부음은 오직 믿음을 통해서 나타납니다. 그리고 기름 부음은 은사와 부르심에 따라 각각 다르게 나타납니다.

"기름 부음이 나타나면 안수할 때 사람들이 쓰러지지 않나요? 그걸 기름 부음이라고 알고 있는데요."

그런 사역은 귀하지만 성경에 나오는 인물들이 다 그렇게 사역한 것은 아닙니다. 각각 달랐습니다.

"당신은 왜 아브라함과 똑같이 사역하지 않나요?"라고 사람들이 물으면 나는 이렇게 대답합니다.

"나는 아브라함이 아닌 김열방입니다."

아브라함, 이삭, 야곱, 요셉, 모세, 다윗, 솔로몬, 욥, 이사야, 예레미야, 요나 등의 주의 종들에게도 기름 부음이 가득했지만 각각의 은사와 부르심은 달랐습니다.

어떤 사람은 왕으로 나라를 다스렸고 어떤 사람은 예언을 했고 또 어떤 사람은 사업을 했습니다. 욥은 큰 사업가였고 요나는 선지자였습니다. 삼손은 사람을 죽이는 전무

후무한 독특한 기름 부음이 나타났습니다.

사도였던 베드로와 요한은 한동안 함께 다녔지만 각각 주어진 은사와 부르심이 달랐습니다. 집사였던 스데반과 빌립도 그 은사와 부르심이 달랐습니다. 그렇게 다른 사람이 연합하여 그리스도의 몸을 이룹니다. 이것이 몸의 지체입니다. 눈과 손과 발과 귀와 코와 입술이 각각 다릅니다. 다 눈이 되라고 할 수 없고 다 코나 입술이 되라고 할 수 없는 것처럼 "다 나와 같은 모양의 기름 부음을 나타내라"고 할 수 없는 것입니다. 성경을 보면 부모와 자녀 간에도 그렇게 똑같은 기름 부음이 나타나지 않았습니다.

아브라함의 아들 이삭이 아버지와 같은 기름 부음을 나타냈습니까? 아닙니다. 달랐습니다. 이삭의 아들 야곱이 아버지와 같은 기름 부음을 나타냈습니까? 아닙니다. 달랐습니다. 야곱의 아들 요셉이 아버지와 같은 기름 부음을 나타냈습니까? 아닙니다. 달랐습니다. 모세는 요셉과 같지 않았고 여호수아는 모세와 같지 않았고 달랐습니다.

솔로몬도 다윗과 같지 않았고 달랐습니다.

모든 하나님의 종들이 연합하여 그리스도의 몸을 이루는 것이지 다 똑같아져야 하는 것이 아닙니다. 당신도 당신만의 독특한 은사와 부르심이 있을 것입니다. 그것을 발견하고 인정하고 존중해야 합니다. 당신의 이름과 얼굴,

체형과 성격을 생각해 보십시오. 당신과 똑같은 사람이 세
상에 없을 것입니다. 이처럼 당신에게 주어진 은사와 부르
심은 당신에게만 유일하게 있는 것입니다.

당신이 머문 환경에 변화가 온다

"그가 또 그 땅에 기근이 들게 하사 그들이 의지하고 있
는 양식을 다 끊으셨도다."(시 105:16)

하나님은 환경에 변화를 주셨습니다. 성경은 분명히
"그 땅에 저절로 기근이 왔다"고 하지 않고 "하나님이 그
땅에 기근이 들게 했다"고 기록하고 있습니다.

"그들이 의지하고 있는 양식을 다 끊으셨다."

당신에게는 이런 일이 없습니까? 하나님의 계획하심에
따라 바깥세상이 바뀌고 있는 것입니다. 환경 곧 장소에
예상치 못한 특별한 변화가 생겼습니다. 양식이 조금 부족
한 정도가 아닙니다. "다 끊으셨다"고 했습니다.

엘리야가 그릿 시냇가에 머물 때도 이런 일이 생겼습니
다. 갑자기 시냇물이 말라 멈춘 것입니다. 아침저녁으로
떡과 고기를 꾸준히 물고 오던 까마귀가 더 이상 오지 않
았습니다. 그가 의지하고 있는 양식이 다 끊어졌습니다.

누가 그렇게 했습니까? 하나님이 하신 것입니다.

그렇다면 하나님이 그 다음에 일어날 일도 이미 다 알고 준비하신다는 것을 믿고 두려워하지 말아야 합니다.

하나님은 엘리야에게 "일어나 사르밧으로 가라. 거기에서 한 과부가 너를 공궤할 것이다"라고 말씀하셨습니다.

이스라엘 백성들에게도 그런 일이 생겼습니다. 갑자기 온 세상에 기근이 온 것입니다. 그 기근은 금방 끝나지 않고 오래 갔습니다. 다들 굶어 죽게 생겼습니다. 그때 하나님이 어떤 일을 행하셨습니까? 벌써 오래 전에 사람을 앞서 보내셨다고 했습니다. 그가 바로 요셉이었습니다.

하나님이 한 사람을 앞서 보내신다

"그가 한 사람을 앞서 보내셨음이여, 요셉이 종으로 팔렸도다."(시 105:17)

요셉이 종으로 팔려 간 것은 하나님의 계획이었습니다.

당신도 혹시 자신이 어떤 사람에게 종으로 팔려 갔다고 느낀 적이 없습니까? 하나님이 그 일을 행하셨다는 생각이 들지 않습니까? 하나님은 그분이 선택한 사람을 미리 어떤 장소로 옮기고 그를 훈련시키고 준비시키십니다. 그 일을 수년, 수십 년 전부터 은밀하게 행하십니다. 사람들은 자신에게 일어난 일로 힘들어 합니다.

'왜 내게 이런 일이 생겼지? 도무지 이해가 안 돼.'

그걸 놓고 목회자가 아무리 장황한 설교를 하고 오랜 시간 상담하며 풀려고 해도 전혀 설명이 안 됩니다.

하나님이 하시는 일을 사람이 다 알 수 없습니다.

요셉이 다른 사람의 꿈을 해몽했지만 자신의 꿈에 대해서는 다 알 수 없었습니다. 하나님은 연단을 통해 요셉의 믿음을 정결하게 하시고 그를 강하게 하셨습니다. 그는 하나님의 때가 되기까지 믿음으로 기다려야 했습니다.

아, 힘들다. 한계에 부딪혔다

"그의 발은 차꼬를 차고 그의 몸은 쇠사슬에 매였으니." (시 105:18)

요셉이 어떤 삶을 살았습니까? 하나님이 미리 계획하고 애굽으로 보내셨으니 호강하며 평탄하게 지냈을까요?

그런 경우도 있겠지만 요셉은 그러지 못했습니다.

당신은 지금 어디에서 어떤 일을 하며 심한 고생을 하고 있습니까? 너무 힘들다고 생각되지 않습니까?

'내가 왜 여기까지 와서 이 고생을 하나? 너무 힘들어.'

기억하십시오. 당신을 그리로 보내신 분은 사람이 아니요 하나님이십니다. 하나님이 장래의 큰 환난을 위해 당신을 준비하고 계신 것입니다. 요셉은 노예의 생활에다, 옥에까지 가서 험난한 시간을 보내야 했습니다. 하지만 하나님의 은혜가 항상 그를 둘러싸고 있었습니다.

당신도 지금 절망 속에 혼자 뜨거운 눈물을 흘리며 고난의 힘든 기간을 보내고 있겠지만 하나님의 은혜가 당신을 감싸고 있다는 사실을 기억해야 합니다.

말씀이 응할 때까지 기다리라

"곧 여호와의 말씀이 응할 때까지라. 그의 말씀이 그를 단련하였도다."(시 105:19)

요셉의 때는 언제였습니까? 아무도 알 수 없었습니다.

"여호와의 말씀이 응할 때까지였다"고 했습니다.

그동안 요셉에게 어떤 일이 있었습니까?

"그의 말씀이 그를 단련하였도다"라고 했습니다.

말씀은 반드시 응하며, 그 때가 있습니다. 그리고 그의 말씀이 당신을 단련할 것입니다. 어떻게 단련할까요?

시간으로 단련합니다. 예수님도 때와 기한은 아버지께 있다고 하셨고 아버지의 때를 따라 정확하게 움직이며 병든 자를 고치고 귀신을 쫓아내고 죽은 자를 살리셨습니다.

요셉은 자기와 함께 옥살이를 하던 두 사람 곧 떡 맡은 관원장과 술 맡은 관원장의 꿈을 해몽해 주었는데 그것이 정확하게 이루어졌습니다. 요셉의 입술을 통해 나온 말씀이 자기에게 응한 것입니다. 그렇다면 17세 때 요셉에게 주신 꿈도 정확하게 응할 것입니다. 하지만 요셉은 하나님을 의지하지 않고 술 맡은 관원장을 의지했습니다.

"당신이 석방 되면 나를 기억해 주세요. 나는 여기에 있을 만큼 큰 죄를 지은 사람이 아닙니다."

꼭 그리하겠다고 말한 관원장이 새까맣게 잊었습니다.

그 후로 2년의 세월이 더 지나야 했습니다.

당신은 지금 어떤 고난 중에 있습니까? 하나님의 때를 기다리십시오. 때가 되기 전까지는 아무리 몸부림쳐도 소용없습니다. 아무리 많은 기도와 금식을 해도, 아무리 많은 방법과 프로그램을 동원해도 안 됩니다. 하지만 때가 되어 성령의 바람이 불면 하루 만에 다 해결됩니다.

때가 되면 하루 만에 다 바뀐다

"왕이 사람을 보내어 그를 석방함이여, 뭇 백성의 통치자가 그를 자유롭게 하였도다. 그를 그의 집의 주관자로 삼아 그의 모든 소유를 관리하게 하고 그의 뜻대로 모든 신하를 다스리며 그의 지혜로 장로들을 교훈하게 하였도다."(시 105:20~22)

요셉은 바로 왕의 꿈을 해몽하게 되었고 순식간에 애굽의 국무총리가 되었습니다. 하나님이 하루 만에 다 주신 것입니다. 당신에게도 이런 기적이 일어날 것입니다.

하나님의 말씀이 응하기까지입니다. 그 하루 전까지도 아무 일이 안 일어날 것입니다. 당신은 절망합니다.

'앞으로 천 년 동안 아무 일도 안 일어날 거야.'

하지만 하나님은 다르게 말씀하십니다.

'내게는 천 년이 하루 같고 하루가 천 년 같다. 하루 만에 내가 네게 준 모든 꿈과 소원이 다 이루어질 것이다.'

가문이 새로운 환경에 들어간다

"이에 이스라엘이 애굽에 들어감이여, 야곱이 함의 땅에 나그네가 되었도다."(시 105:23)

하나님은 그분의 뜻을 이루기 위해 당신의 장소를 옮기

시는 분입니다. 야곱은 애굽에 들어갔습니다. 함의 땅에 나그네가 된 것입니다. 이것 또한 과정일 뿐입니다.

여호와께서 번성하게 하신다

"여호와께서 자기의 백성을 크게 번성하게 하사 그의 대적들보다 강하게 하셨으며."(시 105:24)

사람들은 빨리 크게 번성하기를 원합니다.

사업을 하면 빨리 수백억을 벌고 땅을 사고 빌딩을 짓고 많은 직원을 두고 싶어 합니다. 목회를 하면 빨리 수천 명이 자기 교회에 모이기를 원합니다. 이런 것이 사람의 힘과 노력으로 될까요? 아닙니다. 성경은 "여호와께서 자기의 백성을 크게 번성하게 하셨다"고 말씀합니다.

잠언 16장 1절에 "마음의 경영은 사람에게 있어도 말의 응답은 여호와께로부터 나오느니라"고 했습니다. 그렇습니다. 열심히 경영해도 말의 응답은 사람에게 있지 않습니다. 사람의 피와 땀과 눈물이 아닌 주님의 은혜에 있습니다. 너무 애쓰지 마세요. 너무 힘쓰지 마세요. 너무 신경 쓰지 마세요. 될 일은 저절로 된다고 하지 않습니까?

열심히 노력하면 되는 것이 아니라 되면 열심히 노력해

야 합니다. 되지 않는데, 제 아무리 열심히 노력해도 몸만 상하고 마음에 상처만 입을 뿐입니다. 안 될 때는 별 짓을 해도 안 됩니다. 될 때는 가만있어도 다 잘됩니다. 모든 일이 그것을 이룰 때와 기한이 있고 기회가 있습니다.

"범사에 기한이 있고 천하만사가 다 때가 있나니."(전 3:1) 그러므로 마음에서 조바심을 다 버리십시오.

성공하면 박해가 시작된다

"또 그 대적들의 마음이 변하게 하여 그의 백성을 미워하게 하시며 그의 종들에게 교활하게 행하게 하셨도다."(시 105:25)

당신이 크게 성공하면 시기와 질투가 일어나고 박해가 시작된다는 것을 알아야 합니다. 위의 구절을 자세히 보십시오. "하나님이 그 대적들의 마음을 변하게 했다. 그의 백성을 미워하게 하셨다"고 기록하고 있습니다.

당신이 하나님의 음성을 따라 살다 보면 늘 좋은 일만 있는 것이 아닙니다. "아니, 내게 왜 이런 일이 생겼나요? 너무 힘들어요"라면서 밤낮 울부짖을 때가 있습니다.

당신을 향한 미움과 질투, 분노와 시기가 소나기처럼

마구 쏟아지기 때문입니다. "나는 박해가 싫어요"라는 사람은 성장과 성공도 싫다는 말과 같습니다. 성공과 시기는 친구와 같고 동전의 양면과 같습니다. 이삭이 크게 성공하고 거부가 되자 블레셋 사람들이 그를 시기했습니다.

"이삭이 그 땅에서 농사하여 그 해에 백배나 얻었고 여호와께서 복을 주시므로 그 사람이 창대하고 왕성하여 마침내 거부가 되어 양과 소가 떼를 이루고 종이 심히 많으므로 블레셋 사람이 그를 시기하여 그 아버지 아브라함 때에 그 아버지의 종들이 판 모든 우물을 막고 흙으로 메웠더라. 아비멜렉이 이삭에게 이르되 네가 우리보다 크게 강성한즉 우리를 떠나라. 이삭이 그 곳을 떠나 그랄 골짜기에 장막을 치고 거기 거류하며 그 아버지 아브라함 때에 팠던 우물들을 다시 팠으니."(창 26:12~18)

당신이 힘들여 파 놓은 우물을 빼앗긴다면 기분이 어떨까요? 잠을 못 이루며 이를 뿌드득뿌드득 갈 것입니다. 하지만 하나님은 당신에게 '괜찮다'고 하십니다. '아들아, 다시 우물을 파면 된다. 너에게 더 좋은 우물을 줄게.'

다시 팠는데 또 빼앗기고 또 빼앗길 수도 있습니다.

'그래도 괜찮다. 더 좋은 우물을 줄게. 그리고 언젠가는 그런 일이 끝난다. 크게 생각하면 아무것도 아니다.'

어떤 일이든 크게 생각하면 문제가 쉽게 해결됩니다.

나는 힘들어 하는 사람들에게 이런 말을 해줍니다.

"크게 생각하지 않으려거든 생각하지를 마라."

크신 성령님과 함께 크게 생각하십시오.

그분께는 다 작은 문제입니다.

하루 만에 다 해결됩니다.

가장 존귀한 책인 믿음의 책을 읽으라

당신은 얼마나 존귀한 사람이라고 생각하십니까?

나는 나 자신이 그리 존귀한 줄 모르고 살았습니다.

나는 학교 다닐 때 공부도 못했고 운동도 못했습니다.

지금은 성령님의 도우심으로 공부도 잘하고 운동도 잘

하지만 30대가 되어서도 내 자존감은 매우 낮았습니다.

그런 나를 성령님께서 존귀하게 만드셨습니다.

내 종아, 너는 존귀한 사람이다

내가 주님의 음성에 순종하여 잠실에서 교회를 개척했을 때였습니다. 한 성도님의 집안 거실에서 예배했는데, 먼 곳에서도 사람들이 와서 함께 예배하곤 했습니다.

그때 환난을 겪은 한 사람이 더 이상 희망이 없다고 생각하며 완전히 좌절하여 주님께 물었습니다.

"제가 어디에 가서 누구를 만나야 살 수 있나요?"

그때 주님의 음성이 선명하게 들렸습니다.

'김열방, 김열방을 찾아가라. 그러면 산다.'

그래서 온 가족이 나를 찾아와서 내가 전하는 '예수님이 십자가에서 다 이룬 복음'과 '가장 존귀하신 성령님'에 대한 복음을 듣고 잃었던 첫 사랑과 믿음을 회복하게 되었습니다. 나는 그들에게 강력하게 복음을 전했습니다.

"예수님이 십자가에서 우리 대신 피와 물을 쏟으며 우리의 모든 죄와 저주를 다 짊어지고 죽으셨습니다. 예수를 믿으면 죄를 사함 받을 뿐만 아니라 배에서 생수의 강이 흘러 나게 됩니다. 예수님이 옆구리에 창이 찔릴 때 피와 물이 동시에 쏟아져 나왔는데 그 피는 우리의 죄를 사하는 것이요 그 물은 우리에게 생수의 강을 주는 것입니다. 성도님 안에 생수의 강 같은 성령의 기름 부음이 흐르고 있습니다. 모든 목마름과 허전함이 사라졌습니다."

그들은 말할 수 없이 행복해서 날마다 춤을 추었습니

다. 그러던 중 하루는 갑자기 연락이 와서 사택에 오고 싶다고 했습니다. 그분이 전화로 말했습니다.

"김열방 목사님께 꼭 드릴 선물이 하나 있는데 오늘 사택에 잠깐 들러도 될까요?"

"그래요? 어서 오세요."

그때까지만 해도 카페 같은 만남의 장소가 따로 없어서 나는 친구들과 목회자, 성도들, 선교사님, 기업가들, 독자들을 내 집으로 초청해서 함께 차도 마시고 식사도 하곤 했습니다. 그때 나는 보증금 500에 월세 50만 원을 내며 지하에서 아이들 네 명을 키우며 살았는데, 그분이 우리집에 와서 보고는 깜짝 놀라는 것이었습니다.

"김열방 목사님 같이 존귀하신 분이 이런 지하에 사세요? 여기는 마구간 같고 차고 같아요. 집이 아니에요."

나는 한 번도 그렇게 생각해 본 적이 없었기 때문에 가볍게 웃어 넘겼습니다. 그분은 내가 어떤 옷을 입고 어떤 음식을 먹어야 하는지 말하며, 그런 것을 자기 수준에 맞추어 하나씩 챙기기 시작했습니다. 감사한 일이죠.

그때 그분이 내게 "혹시 꼭 갖고 싶은 물건이 있느냐?"고 물어서 "내 평생의 소원이 좋은 자전거를 하나 사는 것이다"라고 대답했는데 그분이 그런 자전거를 사라고 30만 원을 주었습니다. 나는 그 돈을 받고 너무 신났습니다.

"와, 내가 이렇게 좋은 자전거를 사다니?"

정말 감사한 일이었습니다. 나중에야 300만 원이 넘는 자전거도 있다는 걸 알게 되었는데, 어쨌든 그때 내가 알기로는 30만 원짜리가 가장 고급이었습니다.

내가 지하에 살며 차 없이 걸어 다니는 것, 한 켤레 신발을 다 닳아 구멍이 날 때까지 신는 것, 그런 것이 내게는 일상이었습니다. 하지만 나는 그런 외모 때문에 기죽지 않았고 항상 당당했습니다. 그러다가 드디어 지하에서 탈출해서 지상으로 이사했는데, 그곳은 나와 우리 가족이 살기에 말할 수 없이 쾌적하고 좋았습니다. 그런데 오래된 빌라 3층의 20평쯤 되는 곳에서 아이 네 명을 키우며 사는 나를 보고 다른 한 사람이 또 같은 표현을 했습니다.

물론 그렇지 않은 사람도 있었습니다.

다들 나를 존중했지만 그 중에 한 사람은 내가 사는 집을 보며 나를 판단하고 무척 실망하는 눈치였습니다.

"김열방 목사님이 이런 집에 살다니, 실망이야."

그는 어깨를 늘어뜨리며 돌아갔습니다. 그는 무엇을 보러 온 걸까요? 그래도 그 집에 와서 나를 만나고 안수 받은 사람들은 다들 성령과 은사를 체험하고 인생이 변화되었습니다. 나는 지금 60평 아파트에 살지만 그런 것은 아무것도 아닙니다. 나는 오직 성령님만 크게 여깁니다.

한 성도님의 집에 심방을 갔는데 으리으리한 저택에 거실도 넓고 별장까지 소유하고 있었습니다. 그래도 나는 아무 감각이 없었고 그냥 앉아서 예배하며 복음을 전했습니다. 또 한 대기업 회장의 집에 심방을 갔는데 그분은 사도행전에 나오는 백부장 고넬료처럼 온 집안 식구를 모아 놓고 나를 기다리고 있었습니다. 그 집은 대저택 같은 고급 아파트였는데 그런 게 나와는 아무 상관없다고 생각했고 그냥 모인 사람들에게 복음을 전하고 돌아왔습니다.

럭셔리의 가치를 알아야 한다

당신은 럭셔리 물건의 가치를 아십니까?

20년 전에 대기업에서 직원들을 대상으로 몇 개월간 강연한 적이 있습니다. 그 회사의 본사 빌딩은 크고 직원도 많았지만 나는 그런 것에 관심이 없었고 오직 복음만 열심히 전했습니다. 그때 매주 월요일 아침에 10분 정도 강연했는데 100만 원씩 6개월간 받았습니다.

그 회장님의 차는 벤츠 S500이었는데 그 차를 내게 주겠다고 했지만 나는 필요 없다고 대답했습니다. 나중에는 그렇게 말한 것이 후회되기도 했습니다.

'일단 그 차를 받아 놓고 조용히 팔았으면 그 돈으로 더 많이 선교하고 헌금했을 텐데. 아쉽네.'

그때는 내가 메르세데스 벤츠의 가치를 몰랐기 때문에 그렇게 생각하며 거절했던 것입니다. 당신은 '메르세데스 벤츠'라는 자동차를 볼 때 어떤 생각이 듭니까?

'그 차는 2억이나 해, 너무 비싸.'

하지만 기억해야 할 것은 돈보다 중요한 럭셔리의 가치입니다. 럭셔리 제품은 풍기는 공기가 다릅니다.

"롤렉스시계 매장에서는 물건이 아닌 공기를 판다"는 말이 있을 정도입니다. 물건은 다 팔리고 텅 빈 판매대에서 직원이 주문을 받는다는 말입니다. 그런 차나 시계는 그 만큼의 가치가 있습니다. 성경에 보면 동방박사의 예물인 황금과 유향과 몰약도 있고 한 여인이 예수님의 장례를 준비하기 위해 부은 고급 향유도 있습니다.

존귀한 신발을 신고 다니라

당신은 지금 어떤 신발을 신고 있습니까?

나는 존귀한 사람이기 때문에 존귀한 신발을 신습니다.

당신도 자신이 존귀한 사람인 것을 알고 존귀한 신발을

사서 신기 바랍니다. 존귀한 사람이 존귀한 일에 서려면 존귀한 신발을 신어야 합니다. 국무총리가 된 요셉은 존귀한 신발을 신었습니다. 존귀한 인장 반지를 손가락에 끼고 존귀한 병거를 탔습니다. 바로의 버금 수레입니다.

당신도 존귀한 반지를 끼고 존귀한 차를 타기 바랍니다. "그런 건 내게 필요 없어"라고 말하지 마십시오.

그런 물건에는 그만한 의미와 가치가 있습니다.

한 번은 잠실의 한 고등학교를 방문하게 되었습니다.

교장 선생님을 만나 내가 쓴 〈김열방의 두뇌개발비법〉 책을 선물로 드리려고 했던 것입니다. 그 책을 선물하며 몇 마디 대화를 나누는데, 그분이 다 해어지고 더러운 내 구두를 보고는 크게 실망했다며 한 마디 했습니다.

"이렇게 신발이 다 닳도록 돌아다니며 책을 나눠주는 일을 하나 봐요? 젊은 사람이 참 안쓰럽군요."

나는 깜짝 놀랐습니다. 내가 쓴 천재적인 기름 부음이 흐르는 가장 귀한 책을 선물로 주려고 갔는데, 그렇게 나를 외모로 쉽게 판단한 것이었습니다. 거기는 기독교 정신으로 설립된 학교였으니 그분도 믿음이 좋은 분이었을 것입니다. 나는 아무 상관없다는 듯 당당하게 걸어 나왔지만 한편으로는 많이 속상했습니다.

'뭐지? 외모로 사람을 판단하다니? 기분 나빠.'

나는 집으로 오는 길에 이렇게 중얼거렸습니다.

"주님, 제가 이런 부끄러움과 수치를 당했습니다. 그것도 세상 사람이 아닌 기독교학교 교장에게요."

그리곤 그 사실을 곧 잊어버렸습니다.

하나님이 내게 주신 은혜 중에 하나는 잘 잊는다는 것입니다. 그래서 내 마음은 늘 시원합니다. 당신도 잘 잊으면 마음이 시원해질 것입니다. 나는 새로운 아이디어가 하루에도 수십 개씩 떠오르기 때문에 꼭 필요한 것이 아니면 다 잊고 어떤 사건과 사람들의 말도 금방 잊습니다.

물론 중요한 내용은 메모해 둡니다. 그리고 나중에 성령님이 깨달음을 주시며 다시 떠올려 주시는 것은 이렇게 책으로 써냅니다. 사람은 존귀하나 깨닫지 못하면 개나 돼지처럼 밑바닥 인생을 살게 됩니다. 날마다 깨달음을 얻고 성장해 나가세요. 하나님은 당신을 존귀하게 여기시며, 당신을 밑바닥이 아닌 높은 바위 위에 두기 원하십니다.

시편 기자는 이렇게 노래했습니다.

"나의 발을 암사슴 발 같게 하시며 나를 나의 높은 곳에 세우시며."(시 18:33)

아들아, 좋은 신발 사러 가자

그런 일을 겪었던 내게 하루는 성령님이 '신발 사러 가자'고 하셨습니다. 나는 하나님이 주신 돈 200만 원을 가지고 집 앞에 있는 백화점에 갔습니다. 구두 매장을 한 바퀴 도는데, 처음에는 진열된 구두에 붙여진 가격표를 보고 놀랐습니다. '아니, 구두 한 켤레가 200만 원, 300만 원이네, 말도 안 돼. 이거면 도대체 붕어빵이 몇 개야.'

그 당시 붕어빵은 3개에 1,000원이었습니다.

만 원이면 30개를 살 수 있었는데, 200만 원이면 자그마치 6,000개나 살 수 있는 가격이었습니다.

나는 빨리 머리를 굴리며 계산기를 두드렸습니다.

'성경에는 예수님이 보리떡 다섯 개로 오천 명을 먹였다고 하는데, 이 돈이면 6,000명에게 붕어빵을 나눠줄 수 있잖아. 얼마나 큰돈이야.'

하지만 성경에는 다른 내용도 있었습니다.

한 여인이 예수님에게 200데나리온이나 되는 향유를 부은 사건입니다. 그때 한 제자가 말했습니다.

"이렇게 비싼 향유를 붓다니, 200데나리온이나 되는 이 돈이면 가난한 사람을 얼마나 많이 구제할 수 있는데."

예수님은 그를 보시며 꾸짖으셨습니다.

"이 여인은 가장 귀한 일을 한 것이다. 잘한 것이다."

당신도 혹시 그렇게 생각하지 않습니까?

의식 수준을 몇 단계 높이십시오. 모든 그리스도인의 의식 수준은 예수님과 같아야 합니다. 의식 수준을 높이고 럭셔리의 세계에 진입하고 그 세계를 귀하게 여겨야 합니다. 거기에는 그만한 가치가 있기 때문입니다.

사람들은 내 책을 한 권 읽고 나면 나머지 책을 다 삽니다. 내 책은 5만 원짜리도 있고 120만 원짜리도 있는데, 가격의 높고 낮음과 상관없이 다 삽니다. 자신에게 그것을 살 수 있는 돈이 있는지 없는지만 따집니다.

왜 그럴까요? 하나의 깨달음을 얻으면 100년을 더 산 것 같기 때문입니다. 그들은 내 책을 읽으면서 '와, 정말 이 책은 120만 원이 아니라 120억보다 귀한 책이구나'라고 생각합니다. 나도 내가 쓴 책을 읽고 또 읽고 수십 번 읽는데, 읽을 때마다 그렇게 느낄 때가 많습니다.

'와, 정말 이 책은 120억을 줘도 안 아깝구나. 한 줄만 읽어도 내 가슴이 뻥 뚫리고 내 마음에 믿음이 가득해진다. 정말 가치 있고 존귀한 책이다. 세상에는 귀한 책들이 많지만 그 중에서도 이 책은 가장 존귀한 책이다.'

그렇습니다. 귀한 책들이 많지만 내가 쓴 책은 '가장 존귀한 책'입니다. 가장 존귀한 사람은 가장 존귀한 책을 읽어야 합니다. 당신도 내가 쓴 책을 다 구입해서 읽기 바랍니다. 천재적인 깨달음을 얻고 인생이 바뀔 것입니다.

기념일을 존귀하게 여기라

당신은 당신의 기념일을 존귀하게 여깁니까?

나는 예전에 기념일을 별로 중요하게 여기지 않았습니다. 그냥 다른 날과 똑같이 여겼습니다. 그런데 아내는 자꾸 그러지 말라며, 기념일이 정말 귀하다고 했습니다.

아내가 내 생일에 "선물 하나 할게요. 혹시 뭐 필요한 것이 없어요?"라고 물으면 나는 "다 있어요. 아무것도 필요한 것이 없어요"라고 대답하곤 했습니다.

그런 내게 주님은 생각을 바꾸라고 하셨습니다.

하루는 내 생일에 아이들이 돈을 모아 선물을 하나 사주겠다고 했습니다. 지금은 다 커서 네 명 모두 직장 생활을 하니까 조금씩 모으면 부담이 안 됩니다. 나는 백화점에 가서 아주 심플하면서도 예쁜 '구찌 반지'를 하나 보았습니다. 가격이 132만 원이었습니다.

'뭐야? 반지 하나가 왜 이렇게 비싸? 32만 원도 아니고, 132만 원이라니, 100이란 숫자가 하나 더 붙어 있네.'

나는 그런 반지가 필요 없다고 생각했는데, 주님은 다르게 말씀하셨습니다. '거절하지 말고 그걸 선물로 받고 자녀들의 그런 마음을 귀하게 여기라. 그리고 반지도 소중하게 여기고 잘 사용하라'고 하셨습니다.

당신은 누가 반지를 사주겠다면 어떻게 하겠습니까?

혹시 나처럼 이렇게 생각하지 않습니까?

'왜 그런 반지를 비싼 돈 주고 사는 거야? 그 돈으로 차라리 선교나 구제를 하지. 붕어빵이 몇 개야?'

아닙니다. 주님은 그렇게 생각하지 말라고 하십니다.

존귀한 사람의 기념일에는 그만한 럭셔리 선물도 필요합니다. 하나님의 자녀는 그런 것을 자연스럽게 받아 누릴 수 있어야 합니다. 집에 돌아온 탕자를 보고 아버지가 눈물을 흘리며 종들에게 이렇게 지시했습니다.

"목욕을 시켜라. 가장 좋은 옷을 꺼내 입혀라. 손에 예쁜 가락지를 끼워라. 발에 고급 신발을 신겨라. 살진 송아지를 잡아라. 충분히 그럴 만한 가치가 있다."

당신의 의식 수준을 바꾸십시오.

의식 수준이 낮으면 밑바닥 인생에서 벗어날 수 없고 하나님이 주시는 좋은 것을 받아 누리지 못합니다.

성경은 창세기의 에덴동산에서부터 요한계시록의 천국까지 '럭셔리'가 많이 나옵니다. "에덴"은 '기쁨의 동산, 즐거움의 동산, 사치의 동산'이란 뜻이 있습니다.

'내가 이렇게 기뻐하면 되나? 슬픈 사람도 많은데.'

'내가 이렇게 즐거워하면 되나? 힘든 사람도 많은데.'

'내가 이렇게 좋은 물건을 사도 될까? 가난한 사람도 많은데. 아무래도 이건 내 물건이 아닌 것 같아. 나는 평생 하녀와 노예처럼 싸구려 물건만 가질 운명이야. 그것도 내게는 분에 넘쳐. 왜 사람들이 이런 명품을 만들어 내 마음이 물욕에 미혹되게 하는 거야? 아, 짜증나.'

그건 당신의 의식 수준이 낮아서 그런 것입니다.

비싼 물건은 그만큼의 가치가 있습니다. 존귀한 사람은 존귀한 물건을 들고 다녀야 합니다. 존귀한 사람이 싸다고 손에 짝퉁을 들고 다니면 그 인생도 짝퉁처럼 보입니다.

태초에 하나님이 창설하신 에덴동산과 마지막에 당신이 죽어서 갈 천국의 모습을 떠올려 보십시오. 그곳의 온갖 종류의 보석들은 결코 싸구려 모조품이 아닙니다.

'나는 평생 가난하게 살아야 해. 내가 땀 흘려 번 모든 돈을 기부하고 좋은 물건은 하나도 사서 누리면 안 돼.'

하나님은 다르게 생각하십니다. 당신이 번 모든 돈을 기부하라고 하지 않고 복음을 전하라고 하셨습니다.

성경에 나오는 믿음의 사람들을 자세히 보십시오. 다들 부요했습니다. 밑바닥 인생을 살며 궁상떨지 않았습니다.

하나님은 아브라함에게 은금과 육축과 노비를 많이 주셨습니다. 이삭은 농사를 지어 백배를 거두었고 우물을 파서 주고 또 주었습니다. 야곱은 평범한 양이 아닌 아롱진 양, 점 있는 양, 검은 양 등의 럭셔리 양으로 무역을 해서

6년 만에 두 떼를 이룬 거부가 되었습니다.

요셉은 애굽 전역과 주변 국가의 재정 문제를 해결한 지혜로운 국무총리였고, 모세는 왕자였으며 그가 만든 성막은 럭셔리의 끝판왕으로 하나님이 직접 섬세하고 정교하고 고급스럽게 설계해 주신 것이었습니다.

다윗은 금 10만 달란트 곧 200조 원을 모아서 헌금했고 솔로몬은 거기에 더 많이 저축해서 아주 아름다운 성전과 화려한 왕궁을 지었습니다. 하나님은 부요하신 분입니다. 당신도 문득 이런 생각이 들지 않습니까?

'그 돈이면 붕어빵이 몇 개야?'

그런 생각을 버리고 크게 생각하기 바랍니다.

붕어빵을 사지 말라는 말이 아닙니다. 붕어빵도 많이 사서 나누어주세요. 하지만 하나님은 붕어빵만 10만 개를 주시는 분이 아니라 달란트(20억 원)도 10만 개를 주시는 분이라는 것을 기억하십시오. 하나님의 자녀는 크게 생각해야 합니다. 하나님의 자녀는 존귀한 사람이므로 존귀한 음식을 먹고 존귀한 신발을 신고 항상 존귀한 자리에 서야 합니다. 모든 일에 존귀한 계획만 세워야 합니다.

나는 그때 태어나서 처음으로 나를 위한 명품 구두를 하나 샀습니다. 성령님이 나를 존귀하다며 그 신발을 사게 하신 것입니다. 보통 나는 시장에서 2~3만 원 정도에 구두를 샀는데, 거기는 달랐습니다. 이태리 수입 수제화가 한 켤레에 150만 원, 또는 388만 원이나 했습니다. 그런 신발이 잘 팔린다고 했습니다. 그것도 주문해 놓고 한 달을 기다려야 한다고 했습니다. 나는 지금 생각해도 그 구두를 잘 샀다고 생각합니다. 그때 처음 산 구두를 지금도 새것처럼 관리하며 강연하러 나갈 때 신고 있습니다.

신발 매장 직원이 말했습니다. "이 구두는 대를 물리며 신는 것입니다. 100년을 신을 수 있습니다."

당신도 그런 구두를 하나님께 구하기 바랍니다. 당신은 존귀한 신발을 신을 자격이 있는 존귀한 사람입니다.

가장 존귀한 값을 지불하신 예수님

당신은 쇼핑할 때 어떤 마음으로 합니까?

기왕 쇼핑을 할 바에는 기분 좋게 해야 합니다.

이것을 '쇼핑 감정'이라고 합니다. 쇼핑은 감정 곧 기분이 중요합니다. 기분이 상하면 쇼핑을 멈추고 집으로 돌아와야 합니다. 세상 사람들도 "기분 좋게 쇼핑하자"고 말하며 쇼핑을 즐기는데 하나님의 자녀 중에 돈 내고 쇼핑하는 것을 힘들어 하는 사람이 많습니다. 그들은 쇼핑을 부정적으로 생각하고 억지로 끌려 다니며 힘들게 합니다.

그렇게 쇼핑은 나쁘게 생각하면서 남이 주는 공짜 선물은 춤추며 좋아합니다. 세상에 공짜 선물은 없습니다.

모두 다른 사람이 상당한 값을 지불한 것입니다.

그들이 쇼핑을 왜 싫어할까요? 여러 가지 이유가 있겠지만 결국 '부정적인 가르침'을 받아서 그런 것입니다.

그 외에도 자신이 지갑을 열고 돈을 지불하는 것이 부담되기도 하고 굳이 그렇게 쇼핑할 필요가 있을까 하는 의구심도 들 것입니다. 하지만 건강한 경제생활을 하려면 쇼핑하기 위해 돈을 지불하는 것에 대해 긍정적으로 생각해야 합니다. 목사님도 장로님도 공짜, 공짜 좋아하는 사람이 많습니다. 단체로 움직일 때는 이런 말을 쉽게 합니다.

"내 돈이 아니니까 괜찮아. 마음껏 주문해."

그리고 커피도 가장 비싼 걸로 넘치게 주문하고 빵도 마구 주문합니다. 자기가 낸 회비인데도 그 돈을 자기 돈처럼 귀하게 여기지 않는 것입니다.

나는 공짜를 좋아하지 않습니다. 실제로 정당한 값을 지불하고 사야 괜찮은 물건을 얻습니다.

한 사람이 중고차를 선물로 받았습니다. 그것은 진정으로 자신이 원하는 차가 아니었습니다. 누가 그 차를 그냥 주겠다고 하니까 넙죽 받았다는 것입니다. 그런데 계속 고

장이 나서 수리비가 많이 들어간다고 했습니다.

중고차가 아닌 새 차라도 남이 주는 것을 공짜로 받지 않는 것이 좋습니다. 차라리 돈을 달라고 해서 당신이 원하는 차를 사면 어떨까요? 다른 사람이 준 물건을 공짜로 받으면 그 물건을 쓸 때마다 괜히 그 사람 눈치를 보게 됩니다. 남이 주는 것 100개보다 내가 돈을 지불하고 괜찮은 물건을 하나 사는 것이 훨씬 낫습니다. 좋은 차를 사서 몰고 다니십시오. 그것이 소중하고 가치 있습니다.

물론 내가 살 수 없는 것에 대해서는 선물로 받아야 합니다. 그리고 그것을 귀한 줄로 알고 소중히 사용해야 합니다. 세상에는 값을 지불하고 살 수 있는 많은 것이 있지만, 구원은 내가 값을 주고 살 수 없는 것입니다. 오직 하나님만이 독생자 예수 그리스도를 통해 값을 지불할 수 있는 '가장 비싼 것'입니다. 이 구원이 얼마나 귀한지 한시도 잊지 말고 늘 감사하는 마음으로 살아야 합니다.

"하나님, 억만 번이나 감사합니다."

나는 사람들에게 "아무거나 받지 마라. 자신이 진정으로 원하는 것이 무엇인지 알기 위해 꿈과 소원 목록을 적으라. 그것도 한두 가지가 아닌 종류별로 120가지를 적으라"고 말합니다. 살고 싶은 집, 타고 싶은 차, 가고 싶은 나라, 입고 싶은 옷, 신고 싶은 신 등 모든 것을 구체적으로 공책에 적고 그것을 하나님께 구해서 받아야 합니다.

옷도 다른 사람이 입던 것은 받지 않는 것이 좋습니다.

내가 진정으로 원하는 좋은 옷, 새 옷을 사는 것이 좋습니다. 나는 중고 매장에서 옷이나 신발을 사지 않습니다.

그런 물건에는 그것을 사용한 사람의 기운이 담겨 있기 때문입니다. 성령의 기름 부음도 주의 종의 옷이나 앞치마에 담겨 전달됩니다. 그런 옷과 천은 사모하십시오.

값을 지불하지 않고 얻는 것은 공짜 심리입니다. "공짜라면 양잿물도 마신다"는 말이 있을 정도로 공짜 좋아하는 사람들이 많습니다. 공짜가 어디 있겠습니까?

"있어요. 선물은 공짜잖아요."

선물은 선물을 주는 사람이 값을 지불한 것입니다.

하나님은 우리에게 죄 사함과 의로움을 선물로 주셨습니다. 하지만 이를 위해 죄가 없는 하나님의 아들 예수님이 인류의 모든 죄를 지고 십자가에서 벌거벗긴 채로 죽으셔야 했습니다. 그분이 피와 땀과 눈물을 쏟으며 값을 다 지불하고 "다 이루었다"(요 19:30)고 외치셨습니다.

그분은 엄청난 값을 지불하셨습니다. 가장 높은 값, 가장 비싼 값을 지불하셨습니다. 그런 후에 우리에게 구원을 선물로 주셨습니다. 구원은 결코 공짜가 아닙니다.

구원은 세상 돈의 9원이나 10원도 아닙니다. 9억 달러나 10억 달러를 주고도 살 수 없습니다. 구원은 구원자이신 예수님이 하나님의 어린 양으로 오셔서 세상 죄를 다 지고 죽으심으로 아낌없이 값을 지불한 것입니다. 이 구원이 얼마나 귀한지 알고 억만 번이나 감사해야 합니다.

구원은 세상에서 가장 귀한 선물입니다. 구원 받았으면 날마다 감사하며 구원의 감격에 젖어 살아야 합니다.

"하나님, 가장 귀한 선물을 주셔서 감사합니다."

돈은 자동차의 연료와 같다

돈은 무엇일까요? 사실 아무것도 아닙니다.

하지만 이 땅에 사는 동안 꼭 있어야 합니다. 왜일까요?

돈은 자동차나 비행기의 연료와 같기 때문입니다.

아무리 멋진 디자인의 스포츠카나 하늘을 잘나는 비행기라도 연료가 없으면 조금도 움직일 수 없습니다.

"돈이 없어도 돼"라고 말하는 것은 엄마 젖을 빠는 아기들이나 하는 말입니다. "탯줄을 끊는 순간 돈줄과 연결된다"는 말이 있을 정도입니다. 출산과 양육, 장례까지 모두 돈이 있어야 합니다. 그러므로 돈을 귀하게 여기고 잘 관리하므로 곳간에 항상 돈이 비축되어 있어야 합니다.

유치원, 초등학생만 되어도 돈이 있어야 자신이 원하는 것을 살 수 있다는 사실을 잘 알고 돈을 주면 좋아합니다.

돈이 있으면 모든 일에 당당하고 자족하게 됩니다.

남에게 손 벌일 일이 없고 돈이 없으면 결제를 못하고 거래할 때 '나쁜 사람'으로 찍히게 됩니다. 결제가 지연되면 신용에 문제가 생기고 생활이 하나씩 불편해집니다.

나는 많이 기도하는 사람이고 마음이 부드럽고 착한 사람인데 신학교에 등록금을 제때 못 내자 나를 '나쁜 사람'이라며 잘랐습니다. 전기 요금을 제때 못 내자 나를 '나쁜 사람'이라며 전기를 끊었습니다. 전화 요금을 제때 못 내자 나를 '나쁜 사람'이라며 발신을 중지시켰습니다.

그들은 나와 달리 등록금과 전기요금과 전화요금을 잘 내는 사람을 '좋은 사람, 착한 사람'이라고 불렀습니다. 나는 돈이 인격과 신용에 매우 중요한 역할을 한다는 것을 깨닫게 되었고 돈 관리를 잘해야겠다고 마음먹었습니다.

지금은 요셉이 그랬던 것처럼 수입의 오분의 일을 꾸준히 저축하므로 항상 어느 정도 '현금 수위'를 유지합니다.

돈은 물건이나 노동과 바꾸는 도구에 불과합니다.

여기서 노동은 '시간'을 말합니다. 사장은 직원을 고용하고 월급을 주며 그 사람의 시간을 사는 것입니다. 직원은 출근해서 퇴근하기까지 회사를 위해 일합니다.

천재적인 사업 성공의 비결

회사를 유지하려면 어떻게 해야 할까요?

몇 가지 절대적인 조건이 있는데, 무엇일까요?

첫째, 팔 수 있는 '물건'이 있어야 합니다.

어떤 회사든지 팔 수 있는 물건이 있어야 합니다.

팔 수 있는 물건이 없으면 돈을 벌 수 없습니다. 물건이 없으면 노동 곧 서비스를 통해 돈을 벌어야 하는데, 여기에는 한계가 있습니다. 한 사람이 아무리 뛰어난 기술로 서비스를 제공한다 할지라도 인간은 몸을 갖고 있기 때문에 시간과 공간에 제한을 받습니다. 하지만 물건은 다릅니다. 대량으로 만들어 놓고 계속 팔면 되기 때문에 회사가 돌아가는데 필수 조건입니다. 어떤 물건을 만들면 될까요? 만 원짜리 물건을 천 개 만들어 다 팔아 천만 원의 매출을 올릴 수도 있고 천만 원짜리 물건을 하나 만들어 팔므로 천만 원의 매출을 올릴 수도 있습니다. 고가의 물건을 만들어 파는 것이 효율적인데, 그러려면 사장의 의식 수준이 높아야 합니다. 이것이 럭셔리의 세계입니다.

둘째, 팔 수 있는 '직원'이 있어야 합니다.

아무리 좋은 물건을 산더미처럼 만들어 놓아도 그것을 팔 수 있는 사람이 없으면 그 물건은 그대로 창고에 쌓여 빛을 보지 못하게 됩니다. 물건을 만드는 재능을 가진 사람이 있고 물건을 파는 재능을 가진 사람이 있습니다.

두 가지 재능을 모두 가진 사람도 있지만 대체로 그렇지 않고 사람마다 다릅니다. 그럴 때 역할을 분명히 구분하여 일을 맡기고 각자 자기의 일을 해야 합니다.

셋째, 팔 수 있는 '장소'가 있어야 합니다.

수백만 원 하는 가방이나 구두, 외투 등의 럭셔리 제품을 콩나물 파는 재래시장에 자리를 펴놓고 팔수는 없습니다. 백화점 명품 매장이나 단독 매장에서 화려한 조명을 받는 곳에 두고 팔아야 합니다. 장소가 중요합니다.

넷째, 그것을 기꺼이 살 '고객'이 있어야 합니다.

직원은 고객이 매장에 들어오면 그 사람이 진짜로 구매할 가능성이 있는 고객인지 잘 살펴야 합니다. 물건을 꼭 사려는 사람은 어떻게든 돈을 만듭니다. 돈이 없어도 카드 할부로 살 수도 있고 또 나중에 어떻게든 그 돈을 만들어 와서 살 수도 있습니다. 아예 살 의향이 없는 사람을 설득한다고 시간 보내면 안 됩니다. 살 의향이 없이 매장에 들어와 이것저것 물어보는 사람은 남의 소중한 시간을 빼앗아 가는 '시간 도둑'입니다. 그런 일을 여러 번 당하면 직원은 짜증날 것입니다. 그런 고객은 차단해야 합니다.

다섯째, 물건을 판 후에 '결제'를 잘 받아야 합니다.

물건을 만들어 파는 것도 예술이지만 결제를 잘 받는 것도 예술입니다. 정말 공들여 좋은 물건을 만들어 잘 팔 았는데, 결제가 제대로 이뤄지지 않으면 결제가 끝날 때까지 엄청난 스트레스를 받게 됩니다.

결제를 잘 받는 것이 사업의 지혜입니다.

이런 일이 없도록 물건을 팔기 전에 미리 결제 받는 문제를 생각해야 합니다. 나는 '선결제 원칙'을 세우고 모든 일에 선결제를 받았습니다. 당신도 그렇게 하기 바랍니다.

물건을 파는 순간 결제가 끝나게 해야 합니다.

나는 예전에 출판사를 운영하면서 처음에는 큰돈을 들여 신문 광고를 하고 그 다음엔 일단 주문을 많이 받고 책을 발송해 주었습니다. 그런데 책을 받고 난 후에 어떤 고객은 책값을 입금하지 않았습니다. 일주일, 한 달 동안 미루고 또 미루었습니다. 책 내용은 너무 좋다, 내 인생이 바뀌었다고 하면서도 책값은 입금하지 않았습니다.

그런 일이 많아지자 직원이 자꾸 스트레스를 받게 되었습니다. 나는 하나님께 지혜를 구했고 그 후로는 결단하고 선입금을 받기로 했습니다. 지금은 통신 판매를 많이 해서 다들 선입금을 받지만 20년 전에는 그렇지 않았습니다.

결제를 잘 받는 것은 사업가에게 정말 중요합니다.

내 책은 천재적인 깨달음을 담았기 때문에 10원도 할인

하지 않았습니다. 그런데도 꾸준히 잘 팔렸습니다.

한 사람이 홈페이지 만드는 기술을 코치하는데 등록비를 100만 원으로 정했습니다. 35명이 등록해서 3500만 원을 벌게 되었고 지금은 매달 20억 매출을 올리는 사업가가 되었습니다. 그는 "사업 성공의 비결은 효율성이다. 노동을 줄이고 효율성을 높여야 한다"고 말했습니다.

또 한 사람은 중국어를 빨리 습득하는 방법을 코치하는데 등록비를 50만 원으로 정했습니다. 그런데 이 사람은 그 코칭 과정을 팔지도 못하고 결제도 못 받았습니다.

분명히 50만 원을 정했는데 겨우 5만 원을 받거나 아니면 무료로 코치하곤 했습니다. 그래서 사업을 시작한 지 10년이 지난 지금도 편의점에서 종일 아르바이트를 하고 있습니다. 그는 깊은 한숨을 쉬며 말했습니다.

"나는 착한 사람입니다. 그래서 돈을 받을 수 없어요. 이것이 나 자신에게는 마음 편한 일이긴 하지만 나와 함께하는 가족들에게는 큰 고통입니다. 10년이 지나도 이 문제가 해결이 안 됩니다. 도대체 어떻게 하면 될까요?"

나는 그분에게 단호하게 말했습니다.

"반드시 돈을 받고 팔아야 합니다. 팔지 못하면 돈은 10원도 안 들어옵니다. 평생 남에게 후원이나 기부를 받기 원합니까? 그들도 뭔가 팔아서 돈을 번 것입니다."

당신은 어떤가요? 후원 받는 자가 되지 말고 후원하는 자가 되십시오. 그러려면 고가의 물건을 만들어 팔아야 합니다. 물건이 아니면 교육 과정이나 코칭 과정을 만들어 팔아야 합니다. 자신의 가치를 높이려면 책을 쓰세요.

당신의 스토리와 깨달음을 담아 '퍼스널 브랜딩' 책을 출간하세요. 럭셔리한 물건과 프로그램을 만들어 파세요.

럭셔리를 공부하고 이해하세요. 럭셔리는 재료비와 인건비가 아닌 '가치'에 의해 가격이 결정됩니다. 사람들은 물건을 사는 것이 아니라 브랜드를 삽니다. 로고와 가격을 사고 가치를 삽니다. 노동 곧 인생을 팔지 말고 물건과 프로그램을 파세요. 그러면 자동으로 수입이 생깁니다.

당신이 만든 물건은 당신의 분신과도 같습니다.

당신의 시간을 팔지 말고 당신이 만든 물건을 팔아야 합니다. 시간은 지나가면 다시 돌아오지 않습니다. 시간은 금이 아니라 금보다 억만 배나 귀합니다.

시간은 곧 인생입니다.

가장 존귀한 사람이 되는 비결

당신은 존귀한 사람입니까?

나는 평생 존귀한 자로 살고 싶습니다.

이것은 내 힘으로 되지 않습니다. 그래서 나는 존귀한 일만 계획하게 해 달라고 성령님께 도움을 구합니다.

당신도 존귀한 일만 계획하기 바랍니다.

"존귀한 자는 존귀한 일을 계획하나니 그는 항상 존귀한 일에 서리라."(사 32:8)

존귀한 자는 존귀한 사람만 만나고, 존귀한 일만 하고, 존귀한 생각과 말만 하고, 존귀한 분과 함께 존귀한 시간만 보냅니다. 존귀한 분은 누굴까요? 대통령이나 시장도 존귀합니다. 교수나 박사, 대기업 회장도 존귀합니다. 가까이 계신 부모님이나 목사님도 존귀합니다. 하지만 그 모든 사람들보다 억만 배나 존귀한 분이 있습니다.

누굴까요? 바로 성령님이십니다. 당신은 매순간 온 우주에서 가장 존귀한 분이신 성령님이 당신 안에, 당신과 함께 계신다는 사실을 기억하고 잊지 말아야 합니다.

예수님은 제자들에게 성령님에 대해 가르치셨습니다.

"그는 진리의 영이라. 세상은 능히 그를 받지 못하나니 이는 그를 보지도 못하고 알지도 못함이라. 그러나 너희는 그를 아나니 그는 너희와 함께 거하심이요 또 너희 속에 계시겠음이라."(요 14:17)

성령님은 진리의 영이십니다. 하지만 세상에는 성령을 받지 못한 사람, 그분을 보지도 못하고 알지도 못한 사람이 많습니다. 모든 사람은 반드시 성령을 받아야 하고 보아야 하고 알아야 합니다. 당신은 성령님을 아십니까?

그분은 지금 당신과 함께 거하시고 당신 속에 계십니다. 예수님이 십자가에서 피와 땀과 눈물을 쏟으며 인류의 모든 죄와 저주에 대한 값을 지불하고 죽으셨고 사흘 만에 부활하셨습니다. 그분이 "다 이루었다"(요 19:30)고 하셨습니다. 하지만 성령님을 모르면 세상에서 가장 불쌍한 사람인 고아처럼 죄와 목마름, 병과 가난, 어리석음과 징계와 죽음 가운데 비참한 인생을 살 수밖에 없습니다.

그런 인생이 성령님을 알면 의와 성령 충만, 건강과 부요함, 지혜와 평화와 생명을 누리는 삶으로 완전히 바뀝니다. 성령님이 내 인생을 바꾸셨습니다.

나는 그런 성령님이 내 인생에서 가장 존귀하신 분이라고 믿습니다. 내가 성령님을 인정하고 존중하고 의지하고 높이자 그분도 나를 존귀한 사람으로 대해 주셨습니다.

그분이 내게 말씀하셨습니다.

'너는 세상에서 가장 존귀한 사람이다. 내 눈에는 그렇게 보인다. 나는 불꽃같은 눈동자로 너를 지켜보고 너를 뜨겁게 사랑한다. 너는 나의 전부다.'

이처럼 하나님의 눈에 가장 존귀한 사람이 되면 얼마나 행복할까요? 세상에는 존귀한 사람이 많지만 그 중에서도 가장 존귀한 사람이 있습니다. 누굴까요?

그것은 곧 가장 존귀하신 성령님을 모신 사람이고 믿음으로 말미암아 성령님의 기름 부음이 가득한 사람입니다.

그 사람은 가장 존귀한 분이신 성령님을 늘 생각하고 말하고 그분을 종일 존중히 모시고 다닙니다. 크고 작은 모든 일에 성령님께 묻고 의논합니다. 그분을 주인으로 인정하고 그분의 음성에 덩실덩실 춤추며 기쁜 마음으로 즉시 순종합니다. 성령님과 그분의 음성을 가장 크게 여기고 모든 문제를 통의 한 방울 물처럼 작게 여깁니다. "보라, 그에게는 열방이 통의 한 방울 물과 같고, 저울의 작은 티끌 같으며, 섬들은 떠오르는 먼지 같으니라."(사 40:15)

세상에는 많은 만남과 모임이 있고 그런 시간들이 귀하지만 그 중에서도 '가장 존귀한 시간'이 있습니다. 무엇일까요? '기도 시간'입니다. 기도 시간은 한 시간에 1억이나 10억을 주고도 바꿀 수 없는 가장 존귀한 시간입니다.

세상에는 귀한 교사와 교수, 목사와 선교사가 많지만 그 중에서도 가장 존귀한 사람이 있습니다. 누굴까요?

사람들에게 온 우주에서 가장 존귀한 내용인 '예수 이름과 보혈, 예수님이 십자가에서 다 이룬 온전한 복음'을 가르치는 사람입니다. 인간의 피와 땀과 눈물을 가르치는 사람, 세상 초등 학문인 온갖 철학 사상을 가르치는 사람이 아닙니다. 오직 예수의 피와 땀과 눈물을 가르치는 사람, 그리고 하나님을 아빠 아버지라 부르게 하시는 성령님에 대해 가르치는 사람입니다. 바울이 그랬습니다.

복음을 모르고 세상 초등 학문에 머물러 있는 사람은 평생 노예와 하녀의 천박한 삶을 살게 되는데, 바울은 그들에게 당신이 종이 아닌 아들로 사는 비결이 있다고 했습니다. 무엇일까요? 성령님입니다. "하나님이 그 아들의 영이신 성령님을 보내셨다"고 가르친 것입니다.

충격적인 말씀입니다. 그는 말했습니다.

"이와 같이 우리도 어렸을 때에 이 세상의 초등 학문 아래에 있어서 종노릇 하였더니 때가 차매 하나님이 그 아들을 보내사 여자에게서 나게 하시고 율법 아래에 나게 하신 것은 율법 아래에 있는 자들을 속량하시고 우리로 아들의 명분을 얻게 하려 하심이라. 너희가 아들이므로 하나님이 그 아들의 영을 우리 마음 가운데 보내사 아빠 아버지라 부르게 하셨느니라. 그러므로 네가 이 후로는 종이 아니요 아들이니 아들이면 하나님으로 말미암아 유업을 받을 자니라."(갈 4:3~7)

초등 학문도 세상 사람들이 볼 때는 귀합니다.

그들은 자신이 평생 노력해서 얻은 졸업장과 학위와 지위를 내세우며 이렇게 말합니다.

"나는 박사 학위를 받은 전문가야, 나는 히브리어 헬라어에 능통하고 성경을 달달 외우는 율법 교사야."

주위 사람들도 굽실거리며 그들을 떠받듭니다. 하지만 알아야 할 것은 예수 그리스도 복음과 성령님은 그보다 억만 배나 높고 귀하다는 사실입니다. 이것을 모르면 다 모르는 것입니다. 평생 밑바닥 인생에 머뭅니다.

하나님은 지혜로운 자들의 지혜를 폐하시는 분입니다.

당신이 아무리 많은 세상 지식을 알아도 성령님을 모르면 다 모르는 것입니다. 세상 지식은 통의 한 방울 물과 같습니다. 성령님을 아는 것이 가장 큰 지혜와 지식입니다.

가장 존귀하신 성령님을 아는 사람은 가장 존귀한 사람이 됩니다. 성령님이 그를 존귀하게 여기기 때문입니다.

"나를 존중히 여기는 자를 내가 존중히 여기고 나를 멸시하는 자를 내가 경멸하리라."(삼상 2:30)

내 책을 통해 '가장 존귀하신 성령님과 예수님이 십자가에서 다 이룬 온전한 복음'을 알게 된 한 목사님이 이런 말을 했습니다. 그것도 만날 때마다 말했습니다.

"세상에는 많은 목사님들이 있고 그분들이 다들 귀하고 또 어떤 분은 특별히 존귀하지만 김열방 목사님은 좀 다릅니다. 김열방 목사님은 '가장 존귀한 목사님'이십니다. 그리고 이렇게 김열방 목사님과 대화하는 우리도 존귀한 자가 되었습니다. 이 모임은 존귀한 자의 모임 곧 귀인들의 모임입니다. 목사님을 통해 제 인생이 바뀌었습니다."

나는 그냥 인사치레로 하는 말인가 생각했습니다. 그리고 10년이 지나서야 그분의 말이 옳다고 대답했습니다.

"가장 존귀한 목회자, 귀인들의 모임? 저는 지금까지 한 번도 그렇게 생각해 본 적이 없는데, 오늘 놀라운 깨달음을 얻었습니다. 가슴에 새기겠습니다. 감사합니다."

그분은 나보다 20살이나 많았는데, 내가 갈 때마다 "가장 귀한 목사님이 오셨다"며 정성껏 대접하곤 했습니다.

그때 나는 서울 잠실의 한 상가 건물 지하에서 목회하고 있었고 내 나이도 30대였습니다. 지금처럼 좋은 차를 타거나 고급 외투를 입던 때도 아니었습니다.

그때 나는 내가 몰던 차도 다른 목사님에게 주고 10년 동안 걸어 다녔고 재래시장에서 산 한 켤레 구두를 다 해어질 정도로 신고 다녔으며, 옷도 단벌 신사였습니다.

그런데도 그분이 나를 "가장 귀한 주의 종이다"라며 만날 때마다 그렇게 말한 것입니다. 그리고 20년의 세월이 지난 지금도 나를 대하는 태도는 변함이 없습니다.

"세상에는 많은 귀한 목사님, 존귀한 목사님이 있지만 김열방 목사님은 가장 존귀한 목사님이다."

오늘 아침에 혼자 기도하면서 그분이 한 말을 다시 한번 생각해 보았습니다. 그분은 나를 외모로 보지 않고 나의 영적인 가치를 알아보고 인정하고 존중한 것입니다.

"김열방 목사님은 가장 존귀한 목사님이다."

그분은 나의 겉모습이 귀해 보여서 '외모의 귀티'를 가지고 나를 귀하다고 한 것이 아닙니다. 내가 '가장 귀하신 성령님과 예수님이 십자가에서 다 이룬 복음'을 가르쳐 주었고 그것을 통해 자신의 인생이 완전히 바뀌었기 때문에 그렇게 말한 것입니다. 그분은 나의 설교와 성경 공부, 그리고 내가 쓴 책을 통해 그것을 깨닫고 가는 곳마다 전하고 있습니다. 한 친구는 내게 이런 말을 했습니다.

"세상에는 귀한 친구, 존귀한 친구가 있지만 너는 내가 만난 친구 중에 가장 존귀한 친구야."

"그게 무슨 말이니?"

"너는 내게 성령님이 누군지 알려 주었어."

"맞아, 그건 정말 귀한 일이지."

"그냥 귀한 일이 아니고 가장 존귀한 일이야. 나는 그 일에 대해 평생 고맙게 생각해. 나는 어떤 일이 있어도 너를 믿고 신뢰해. 너는 나의 가장 귀한 친구야."

당신도 가장 존귀한 주의 종, 가장 존귀한 친구가 되고 싶습니까? 그 비결은 외모에 있지 않습니다. 대형 교회 목회자, 좋은 자동차와 외투, 넓은 땅과 높은 빌딩, 박사 학위와 온갖 잡다한 지식들, 외모와 스타일에 있지 않고 '깨달음'에 있습니다. 어떤 깨달음일까요?

가장 존귀하신 성령님에 대한 깨달음과 예수님이 십자가에서 다 이룬 온전한 복음에 대한 깨달음입니다.

이것을 전해 주는 자가 가장 존귀한 사람입니다.

미련한 사람은 눈에 보이는 것으로 그 사람을 판단합니다. 호텔비를 대신 내주고 뷔페에서 밥을 사주고 차비와 용돈을 두둑이 주고 옷과 차, 집을 선물로 주는 사람, 밤낮 전화로 안부를 묻는 사람을 귀하다고 여깁니다.

부모님에게 집을 사주는 사람보다 귀한 자식은 부모님에게 복음을 전하고 기도해 주는 자식입니다. 다른 사람은 어떨지 모르지만 나는 그것을 가장 귀하게 여깁니다.

어떤 부모와 형제들은 이렇게 말합니다.

"영적인 것 말고 물질적인 것으로 마음을 표현해."

"정말 그걸 원하세요? 그러면 영적인 것을 다 빼고 오늘부터 물질적인 것으로만 당신을 대하겠습니다."

당신도 그걸 원하나요? 제발 그러지 말기 바랍니다.

성경은 영적인 사람 곧 믿음의 사람에 대한 이야기입니다. 당신에게 있어 가장 귀한 것은 영적인 것이어야 하고 믿음에 대한 것이어야 합니다. 믿음이 가장 큰 보물입니다. 히브리서 11장을 보세요. 믿음의 사람만 나옵니다.

하나님의 말씀을 깨닫고 전하는 사람, 예수님이 십자가에서 다 이룬 복음을 전하는 사람, 성령님에 대해 가르치는 사람을 가장 존귀한 사람으로 여기십시오. 다른 것은 아무것도 아니며 있어도 그만 없어도 그만입니다.

바울은 "하나님의 나라는 먹고 마시는 것이 아니요"라고 했습니다. "아니요"라는 것에 왜 목숨을 겁니까?

단순히 먹고 마시는 것, 산책하고 여행하는 것, 좋은 음식 먹고 용돈 몇 푼 받는 것, 그런 것 때문에 당신이 상처받거나 기분 상해야 할 이유가 하나도 없습니다. 에서처럼 그런 것에 예민한 것은 마귀에게 속고 있는 것입니다.

에서는 팥죽 한 그릇에 자기 인생에 가장 귀한 것인 '장자권'을 팔았고 영적인 복을 다 잃고 크게 분노했습니다.

그런 육신의 것에 마음을 빼앗기지 마십시오.

성령님과 그분의 음성을 귀히 여기십시오.

나는 삶과 사역의 모든 경우에 주인님이신 성령님께 묻고 그분의 음성을 따라 살기로 뜻을 정했습니다.

성령님은 단순히 귀한 분이나 존귀한 분이 아니라 '가장 존귀하신 분'이십니다. 성령님은 이 세상에 있는 어떤 존귀한 사람보다 '억만 배나 존귀하신 분'입니다.

나는 만나는 사람들에게 이런 말을 합니다.

"성령님은 가장 존귀하신 분입니다."

내가 이 말을 하자 한 사람이 정색하며 "누가 목사님에게 그런 말을 했나요? 어디서 그런 내용을 배웠나요?"라며 따지듯이 말했습니다. 나는 그분에게 말했습니다.

"누가 그런 말을 하는 것을 나는 듣지 못했습니다. 내가 지금 그런 말을 하고 있는 것입니다. 그리고 당신이 인정하든 안 하든 성령님은 가장 존귀하신 분입니다. 이것은 성경 전체에서 말하는 것입니다. 구약에서는 여호와 하나님이 가장 존귀하신 분이었고, 신약에서는 인간의 몸을 입고 오신 하나님 곧 예수 그리스도가 가장 존귀하신 분이었고, 지금은 예수의 영이신 성령님이 가장 존귀하신 분입니다. 초대교회 시절, 여러 사도들이 있었지만 이것을 말하고 가르치고 책을 썼던 바울은 가장 존귀한 사도였습니다. 그는 에베소에 가서 '너희가 믿을 때에 성령을 받았느냐?'라고 물었는데, 그들은 '우리가 성령이 있음도 듣지 못했다'고 했고 그들에게 안수할 때 성령이 임했습니다. 바울 서신은 그가 그리스도를 육체대로 알지 않고 영으로 안다며 '그리스도의 영'에 대해 자세히 적은 내용입니다. 그랬기 때문에 그는 가장 존귀한 사도가 된 것입니다. 오늘날 성령님을 인격적으로 무시하고 존중하지 않거나, 또는 자신의 삶과 사역에서 두 번째 자리에 두는 사람들이 많습니다. 그리고 온갖 잡다한 사람들과 잡다한 지식, 잡다한 것들을 첫 번째 자리에 올려 두고 떠받듭니다. 그 모든 것은 통의 한 방울 물과 같고 저울의 작은 티끌과 같고 아무것도 아닙니다. 당신이 많은 지식을 갖고도 밑바닥 삶에서 못 벗어나는 것은 가장 존귀하신 성령님과 예수님이 십자가에서 다 이룬 복음을 몰라서 그런 것입니다. 내가 쓴 책을 50권 읽고 깨달음을 얻으세요. 사람은 존귀하나 깨닫지 못하면 멸망하는 짐승과 같습니다."

"알겠습니다. 그렇게 하겠습니다."

당신도 깨달음을 얻고 생각을 바꾸기 바랍니다. 성령님이 얼마나 크고 존귀하신 분인지 알아야 합니다. 성령님은 대통령, 대형 교회 목회자, 대단하다는 사상가들과 비교할 수 없는 분입니다. 그 모든 것보다 억만 배나 존귀한 분입니다. 우리는 다른 어떤 것에도 푹 빠지면 안 됩니다. 오직 가장 존귀하신 성령님, 그분을 귀히 여기고 그분과의 사랑에 푹 빠져야 합니다. 나는 아침마다 이렇게 고백합니다.

"가장 존귀하신 성령님, 많이 사랑합니다."

당신도 존귀한 책을 많이 써내라

존귀한 책을 사서 읽으라

당신은 어떤 책을 즐겨 읽습니까?

나는 20대에 도서관과 서점에 있는 다양한 책을 읽었습니다. 신앙 서적만 읽은 것이 아니라 철학, 심리학, 자기계발, 처세술, 소설, 과학, 의학, 식품, 영양, 건축, 자동차, 의류, 각종 디자인 책등 다양한 책을 많이 읽었습니다.

하지만 그렇게 많은 책을 읽고 연구했다고 내가 뭘 알겠습니까? 어학에 대한 책을 천 권을 읽고 영문학 박사 학위를 받아도 사실은 그 언어에 대해 조금만 알 뿐입니다.

사람이 공부하고 연구해서 뭘 좀 안다고 하는 순간 모르는 것이 더 많다는 것을 인정하는 것입니다. 그래서 진짜 전문가들은 "내가 그래도 박산데, 많이 알아요. 다 알아요"라고 하지 않고 오히려 "잘 몰라요"라고 말합니다.

그것은 겸손이 아닌 사실을 말한 것입니다.

보통 한 분야에 100권 이상 읽으면 조금씩 눈이 뜨여진다고 합니다. 뭘 좀 안다는 사상가나 철학가, 과학자나 의학자도 사실은 바다의 물과 같은 넓은 지식의 세계에서 몇 컵 정도의 물만 떠올린 것과 같은 작은 분량을 알뿐입니다. 나는 지난달에 영어 원서를 50권 넘게 읽었습니다.

"와, 대단해요. 엄청난 걸 깨달았나요?"

"아닙니다. 그렇게 읽어도 아주 조금만 알 뿐입니다."

진실로 내 인생을 바꾼 것은 '성경책과 믿음의 책들'입니다. 성경은 하나님을 아는 것 외에는 다 헛되고 헛되다고 말씀합니다. 전도서 12장 8~14절을 보십시오.

여기서 우리는 몇 가지 깨달음을 얻을 수 있습니다.

가장 존귀한 사람은 전도자다

첫째, 세상에 있는 모든 것이 헛되고 헛됩니다.

"전도자가 이르되 헛되고 헛되도다 모든 것이 헛되도다."(전 12:8)

여기에 "왕이 이르되"라고 하지 않고 "전도자가 이르되"라고 했습니다. 솔로몬은 자신을 '전도자'로 말하기를 부끄러워하지 않았습니다. 세상에서 가장 존귀한 일은 전도하는 일입니다. 당신은 사람들에게 무엇이라 불리기 원합니까? 나는 목사, 장로, 교수, 박사보다 '전도자'가 좋습니다. 여기에 복음을 붙이면 '복음 전도자'가 됩니다.

불쌍한 한 영혼을 위해 성령님과 함께 복음을 전하는 전도자가 된다는 것, 이것보다 귀한 직분은 없습니다.

목사는 교회 안에서 다른 사람보다 더 높은 지위가 아닙니다. 물론 우리는 교회에 하나님이 세우신 권위와 질서를 인정하고 존중해야 합니다. 그 중에서 목사는 '예수님의 양을 먹이고 치는 목자'입니다. 그는 말씀과 기도로 양들을 섬기는 자입니다. 부활하신 예수님은 베드로에게 "나를 사랑하느냐? 내 양을 치라, 먹이라"고 하셨습니다.

하나님이 자신을 목사로 부르지 않았는데 주위 사람의 권면이나 인간적인 생각으로 무작정 신학교에 가서 공부하고 목사 안수를 받으면 과연 행복할까요? 주위에서 "목사님!" 하고 부르면 그 사람은 자기에게 맞지 않은 옷을 입었다고 생각되어 마음이 불편하고 짐이 될 것입니다.

주님이 당신을 목자로 부르셨습니까? 그러면 어떤 대가를 지불하더라도 순종하고 평생 그 길을 가십시오.

〈전도서〉는 지혜의 왕이라 불리는 솔로몬이 쓴 것인데, 그는 어린 나이에 왕이 되었고 출입하는 백성들을 잘 재판하기 위해 하나님께 지혜를 구해서 받은 사람입니다.

그는 백성에게 지식을 가르쳤습니다. 그리고 평소에 늘 깊이 생각하고 연구했다고 했습니다. 나도 늘 깊이 생각하고 연구하는 편입니다. 그만큼 문제가 많다는 것입니다.

아무 문제가 없는 사람이 깊이 생각하고 연구하는 경우는 그리 많지 않습니다. 사람들은 말합니다.

"나도 깊이 생각하고 연구하고 싶어요. 하지만 그렇게 문제에 부딪히는 것은 싫어요. 너무 힘들어요."

문제에 부딪히지 않고 부르짖는 사람이 있을까요?

모세를 보십시오. 그는 광야에서 이스라엘 백성들을 이끌면서 문제에 부딪힐 때마다 부르짖어 기도했고 하나님이 세미한 음성으로 응답하시고 기적을 베푸셨습니다.

모세가 왕궁에서 왕자로 40년간, 그리고 들판에서 장인 이드로의 양을 칠 때 40년간, 한 번도 하나님께 부르짖어 기도했다는 내용이 없습니다. 문제가 없었기 때문입니다.

그러나 출애굽 이후로는 광야에서 문제가 생길 때마다

그가 부르짖기 시작했습니다. "모세가 여호와께 부르짖었더니 여호와께서 그에게 한 나무를 가리키시니 그가 물에 던지니 물이 달게 되었더라."(출 15:25) "모세가 여호와께 부르짖어 이르되 내가 이 백성에게 어떻게 하리이까 그들이 조금 있으면 내게 돌을 던지겠나이다."(출 17:4)

다윗은 큰 고통을 당할 때마다 울며 부르짖었고 그로 인해 눈물 젖은 아름다운 시를 많이 짓게 되었습니다. 다윗의 시는 평온할 때 침대에 누워서 지은 시가 아닙니다.

사람들은 눈물로 밤을 새면서 말합니다.

"하나님, 왜 이런 문제가 생겼나요? 너무 힘들어요."

문제가 진행 중일 때는 알 수 없습니다. 문제가 종료된 후에도 한동안 '왜 그런 일이 생겼지?' 하며 의아합니다.

5년 10년이 지난 후에야 알게 되는 경우도 많습니다.

악인 때문에 혹독한 시련을 겪었던 다윗은 성전에 들어가서 무릎 꿇고 예배할 때 비로소 왜 그런 일이 생겼는지 알게 되었다고 했습니다. 답은 주님의 음성에 있습니다.

나는 문제가 생길 때마다 이렇게 질문합니다.

"주님, 왜 그런 일이 생겼나요? 언제 어디서 그 문제가 시작되었나요? 주님이 원하시는 것은 무엇인가요?"

그러면 주님께서 세미한 음성으로 설명해 주십니다.

나는 깨달음을 얻고 회개합니다. 이것이 내가 성령님의

기름 부음을 통한 성장을 경험하는 비결입니다.

하나님이 당신에게 문제가 하나도 생기지 않도록 미리
다 막아 주실 수 있습니다. 만약 하나님이 그렇게 하신다
면 당신은 온실 속의 연약한 화초가 되고 말 것입니다.

문제를 겪을 때, 그 당시는 괴롭지만 지나고 나면 많은
깨달음과 지혜를 얻게 됩니다. 그리고 당신이 그것을 가르
치면서 책에 기록하면 수많은 사람에게 유익을 줍니다.

지혜자는 백성에게 지식을 가르친다

둘째, 지혜자는 백성에게 지식을 가르칩니다.

"전도자는 지혜자이어서 여전히 백성에게 지식을 가르
쳤고."(전 12:9)

하나님의 초자연적인 은혜로 말미암아 엄청난 지혜를
받으면 그 후로는 저절로 모든 것을 알게 되는 게 아닐까
요? 그렇지 않습니다. 깊이 생각하고 연구해야 합니다. 그
리고 가르쳐야 합니다. 솔로몬은 어디서 누구에게 배웠다
는 말은 하지 않고 그냥 깨닫고 가르친다고 했습니다.

내 책을 읽은 독자들이 내게 찾아와 묻습니다.

"김열방 목사님은 하나님께 지혜를 구하고 받은 후에

그렇게 많은 것을 깨닫고 많은 책을 써내셨는데 어디서 누구한테 배우셨나요? 당신의 스승은 누군가요?"

나는 어디서 누구한테 배운 것이 아니라고 말합니다.

그런데 내가 하는 일 중에 중대한 한 가지는 바로 끊임없이 가르친다는 것입니다. 솔로몬도 그랬습니다.

"전도자는 지혜자이어서 여전히 백성에게 지식을 가르쳤고"라는 말씀이 나옵니다. 그는 사람들에게 지식을 배웠다고 말하지 않고 백성에게 지식을 가르쳤다고 말했습니다. 그는 깨달음을 얻고 계속 가르치는 일을 했습니다.

그렇다면 여기서 성공의 비결 하나를 건질 수 있습니다. 무엇일까요? '배우는 일'이 아닌 '가르치는 일'을 할 때 지혜가 더해진다는 것입니다. 나는 말합니다.

"가르치는 것이 최고의 공부다. 가르치기 시작하라."

아내는 나를 자꾸 가르칩니다. 나도 아내를 가르칩니다. 어떨 때는 그렇게 가르칠 때, 가르침을 받는 사람 입장에서는 힘들게 느껴집니다. 그래도 우리는 서로의 가르침을 가만히 듣고 있습니다. 가르치면서 생각이 정립되고 더 많은 깨달음을 얻게 되기 때문입니다. 당신도 가르치기 시작하십시오. 그 일을 멈추지 말고 계속하십시오.

바울은 디모데에게 "말씀을 전파하라. 때를 얻든지 못 얻든지 항상 가르치는 일에 힘쓰라"고 했습니다. 이것이 더 많은 지혜를 얻고 성장하는 비결이기 때문입니다.

예수님도 제자들에게 "너희는 가서 모든 족속에게 내가 너희에게 분부한 모든 것을 가르쳐 지키게 하라"고 하셨습니다. "너희는 가서 모든 족속에게 끝도 없이 배우라"고 하지 않았습니다. 이 학교 저 학교를 다니며 배우기만 하는 자는 만족이 없고 항상 자신이 부족하다고만 느끼게 됩니다. 반대로 이 학교 저 학교를 다니며 가르치는 사람은 부족함이 없고 자신의 잔이 넘친다고 생각하게 됩니다.

"그래도 배워야 하지 않나요?"

맞습니다. 초등 학문은 몽학 선생에게 배워야 합니다.

하지만 인생사는 가장 뛰어난 선생님이신 '성령님'께 배워야 합니다. 그리고 인생 교과서는 '성경책'입니다.

다윗의 스승은 누구였습니까? 없습니다.

그는 성령님께 배웠고 성경 말씀을 인생 교과서로 여겼으며, 주의 말씀이 꿀송이보다 더 달다고 했습니다.

그런 그의 고백이 바로 이것이었습니다.

"여호와는 나의 목자시니 내가 부족함이 없다."

"주께서 내 머리에 기름을 부으셨다. 내 잔이 넘친다."

당신의 잔도 넘치고 있습니다.

결코 부족하지 않습니다.

지혜자는 깊이 생각하고 연구한다

셋째, 지혜자는 깊이 생각하고 연구합니다.

"또 깊이 생각하고 연구하여 잠언을 많이 지었으며."(전 12:9)

깊이 생각하고 연구하면 잠언을 많이 지을 수 있습니다. 게으른 사람들이 싫어하는 일 중에 하나가 '깊이 생각하는 일'입니다. 그들은 생각하는 사람을 비웃으며 말합니다. "뭘 그리 깊이 생각해? 대충 생각하고 빨리 처리해."

사람들이 나에 대해서도 그런 말을 했습니다.

"그렇게 생각만 하고 있으면 일이 되나? 뛰어야지."

나는 사람들의 질문에 대답도 천천히 하는 편입니다. 왜일까요? 깊이 생각하고 신중하게 대답하기 때문입니다.

때론 듣는 사람이 답답해합니다. 그러면 어떤가요?

괜찮습니다. 사람이 일단 한 번 말을 내뱉으면 자신이 한 그 말에 대해 책임져야 합니다. 결코 다른 사람이 책임 져 주지 않습니다. 그러므로 나는 먼저 성령님께 묻고 음성을 들은 후에 천천히 대답합니다. 이것이 지혜입니다.

사람들은 다그칩니다. "빨리, 빨리 대답해."

하지만 성경은 "듣기는 속히 하고 말하기는 더디 하라. 성내기도 더디 하라"고 했습니다. 천천히 대답하고 가만있으면 많은 문제들이 저절로 해결됩니다. 백화점에서 쇼핑할 때도 천천히 대답하고 가만있으면 직원이 나서서 해결해 줍니다. 그렇게 해서 반값에 산 적이 몇 번 있습니다.

궁금하다고 당장 이 사람 저 사람에게 뛰어가서 묻는 것은 어리석은 일입니다. 조급하지 말고 잠잠하고 참고 기다리며 성령님께 물어야 합니다. 잠언 14장 29절에 "마음이 조급한 자는 어리석음을 나타낸다"고 했습니다. 잠언 29장 20절에는 "네가 말이 조급한 사람을 보느냐? 그보다 미련한 자에게 오히려 희망이 있느니라"고 했습니다.

자신이 하는 일이 조금 잘된다고 "내가 성공하면 많은 용돈을 주겠다. 선물하겠다"고 말하는 사람도 어리석은 사람입니다. 성경은 "선물한다고 거짓 자랑하지 마라"고 했습니다. 선물하겠다고 말하는 순간 말빚을 지게 됩니다.

빚진 자는 채주의 종이라고 했습니다. 왜 스스로 사람의 종이 됩니까? "말 한 마디로 천 냥 빚을 갚는다"는 속담이 있는데, "말 한 마디로 천 냥 빚을 질 수도 있다"는 사실을 기억하고 말을 조심하고 대답을 더디 하십시오.

얼마 전에 한 사람이 내게 100만 원이 필요하다며 도움을 요청해 왔습니다. "제발 저를 좀 도와주세요."

나는 가만히 있었습니다. 그리고 주님께 물었습니다.

'성령님, 어떻게 할까요?'

그러자 주님께서 이렇게 말씀하셨습니다.

'거기에는 돈을 보내지 마라. 그 사람이 육신의 생각으로 그 일을 진행하고 있다. 가만있고 반응하지 마라.'

또 한 사람이 도움이 필요하다며 내게 도움을 요청해 왔습니다. "선교비 천만 원이 꼭 필요합니다."

주님께 물었습니다. 그러자 이렇게 말씀하셨습니다.

'그 사람에게는 내 이름으로 돈을 보내라.'

나는 예수 이름으로 돈을 보내며 이렇게 말했습니다.

"예수님이 주시는 겁니다. 예수님께 감사하세요."

뭐든 빨리빨리 처리하는 게 좋지 않을까요? 절대로 그렇지 않습니다. 깊이 생각하고 주님께 물어야 합니다.

세상의 모든 발명과 발견은 '깊이 생각하는 사람'에 의해 생긴 것입니다. 일은 적게 하고 생각은 많이 해야 합니다. 구체적인 목적과 목표를 정하고 생각을 많이 한 후에 천천히 하나씩 일을 처리해야 큰 효율성을 가져올 수 있습니다. 사업에 크게 성공하는 비결도 그렇습니다. 덧셈 뺄셈이 아닌 곱하기 나누기를 해야 합니다. 백만장자가 되려면 10퍼센트 생각하고 90퍼센트 일하면 되지만 억만장자가 되려면 90퍼센트 생각하고 10퍼센트 일해야 합니다.

혼자 앉아 깊이 생각하는 시간을 많이 가지십시오. 나는 매일 아침 카페에 앉아 생각하는 시간을 가집니다.

그리고 몇 가지 깨달음을 얻으면 내 마음에 문제 해결에 대한 지혜와 믿음이 가득해집니다. 그러면 하루가 무척 쉽고 행복해집니다. 당신도 혼자만의 시간을 가지십시오.

힘써 아름다운 말들을 구하라

넷째, 지혜를 받은 사람도 힘써 아름다운 말들을 구합니다. "전도자는 힘써 아름다운 말들을 구하였나니"(전 12:10)라고 했습니다. 저절로 얻게 되지 않습니다.

지혜자는 이미 하나님께 많은 지혜를 받았는데 왜 힘써 아름다운 말들을 구할까요? 아름다운 말들이 귀하다는 것을 알기 때문에 그 말들을 더 많이 구하는 것입니다.

말 한 마디가 사람을 죽이기도 하고 살리기도 합니다.

한 나라를 흥하게도 하고 망하게도 합니다. 10억을 벌기도 하고 잃기도 합니다. 수명을 늘이기도 하고 줄이기도 합니다. 세상에는 아름다운 말들이 참으로 많습니다.

그 중에 가장 아름다운 말은 무엇일까요?

하나님의 입에서 나온 말 곧 '복음의 말씀'입니다.

베드로 사도는 "풀은 시들고 꽃은 떨어지나 여호와의 말씀은 세세토록 있다. 그리고 그 말씀은 곧 우리가 전파하는 복음이다"라고 했습니다. 말이라고 다 말이 아닙니다. 더러운 말도 있고 깨끗한 말도 있습니다. 추한 말도 있고 아름다운 말도 있습니다. 천한 말도 있고 귀한 말도 있습니다. 가장 존귀한 말도 있습니다. 무엇일까요?

성령님의 세미한 음성입니다.

나는 성령님의 음성 한 마디를 10억보다 귀하게 여깁니다. 10조 원보다 귀하고 그보다 억만 배나 귀합니다.

그런데 어떤 사람은 성령님의 음성을 그리 귀하게 여기지 않습니다. 그들은 성령님의 세미한 음성을 듣고도 무시하거나 금방 잊어버립니다. 그러지 말아야 합니다. 그분의 음성을 존중하며 가슴에 새기고 기쁘게 순종하십시오.

주의 종을 통해 주어진 예언도 귀하게 여겨야 하는데, 어떤 사람은 그렇게 하지 않습니다. 안수 받을 때 주의 종의 입술을 통해 들은 예언의 말씀을 5분도 안 되어 다 잊어버리고 또 다른 곳에 예언 받으러 간다고 말합니다.

참으로 한심한 일입니다. 바울은 말했습니다.

"예언을 멸시하지 마라."

사람들은 성령을 소멸하는 일도 쉽게 하고 예언을 멸시하는 일도 쉽게 합니다. 그리고 하나님이 자기에게 말씀하지 않는다고 투덜대며 고난 중에 하나님이 숨는다고 울부짖습니다. 자기가 예언을 무시했다는 생각은 안합니다.

존귀하신 성령님이 주시는 세미한 음성을 높고 귀하게 여겨야 합니다. 주의 종을 통해 주시는 예언도 한 마디 한 마디 모두 존귀하게 여기십시오. 10억보다 귀합니다.

나는 어떤 일을 할 때마다 성령님께 묻습니다.

"성령님, 어떻게 할까요?"

당신도 생각 없이 대충 일을 처리한 후에 나중에 망했다고 후회하지 말고 먼저 "성령님. 어떻게 할까요?"라고 묻고 난 후에 그분의 세미한 음성에 귀를 기울이십시오.

성령님은 분명히 알아듣도록 세미한 음성으로 말씀하십니다. 그리고 주의 종의 입에서 나오는 예언의 말과 예배 시간에 선포되는 설교 말씀을 귀하게 여기십시오.

성령님은 지금도 당신에게 꼭 필요한 말씀을 정확하게 하십니다. 당신이 그걸 귀히 여기지 않아서 뒤로 흘러가는 것입니다. 성령님의 음성을 들으면 즉시 메모하십시오.

나는 그렇게 했는데, 그 음성이 내 인생을 완전히 바꾸었습니다. 성령님의 음성은 세미하지만 가장 강하고 아름다운 말입니다. 그 음성 듣기를 사모하십시오.

"불 후에 세미한 소리가 있었다."(왕상 19:12)

진리의 말씀들을 책에 써라

다섯째, 진리의 말씀들을 정직하게 기록해야 합니다.

"진리의 말씀들을 정직하게 기록하였다."(전 12:10)

여기서 "기록한다"는 것은 '책에 쓴다'는 뜻입니다.

하나님은 저술가이십니다. 그분의 종인 당신은 어떤 책을 쓰고 싶습니까? 세상 철학과 온갖 잡다한 생각을 담은 책이 아닌 진리의 말씀 곧 '복음의 책'을 쓰기 바랍니다.

책은 함부로 쓰면 안 됩니다. 왜일까요?

그 책이 많은 영혼을 죽일 수도 있기 때문입니다.

내 책을 읽은 사람 중에는 나처럼 책을 써내고 싶다며 방법을 알려 달라는 사람이 있습니다. 그 중에 내가 코치해서 책을 한 권 또는 여러 권 써낸 사람이 있습니다.

그러나 어떤 사람에게는 절대로 책을 써내지 말라고 권합니다. 그 이유는 그 사람이 책을 써내면 그 자신과 다른 사람에게 축복이 되지 않고 저주가 되기 때문입니다.

책을 쓰는 것도 중요하지만 어떤 내용을 쓰는지는 더욱 중요합니다. 무엇을 써야 할까요? 전도자는 "진리의 말씀들을 정직하게 기록하였다"고 했습니다.

진리의 말씀들은 곧 복음을 말합니다.

복음이 아닌 율법의 저주를 책에 기록하면 안 됩니다.

하나님의 말씀이 곧 복음입니다. 하나님의 말씀은 곧 하나님 자신에 대해 계시합니다. 하나님 자신이 곧 복음입니다. 하나님은 구약 시대에 '음성'과 불기둥, 구름 기둥, 그리고 천사를 통해 자신을 나타내셨고 신약 시대에는 인간의 몸을 입고 오신 하나님 곧 예수님을 통해 자신을 계시하셨고 오순절 이후로 지금은 성령 강림으로 자신을 계시하셨습니다. 지금은 하나님과 예수님이 성령을 통해 우리 안에 들어오셨는데, 그분이 바로 성령님이십니다.

이것에 대해 예수님은 "우리가 그에게 가서 거처를 그와 함께 하리라"(요 14:23)고 하시며 성부 성자 성령 곧 '삼위 하나님이 복음'이라고 말씀하셨습니다.

성령님은 아버지의 영이고 예수의 영이십니다.

성령님은 우리 시대에 가장 존귀한 분이십니다.

진리이신 예수님은 진리의 영이신 성령님에 대한 가르침을 제자들에게 많이 하셨습니다. 그 내용이 요한복음에 많이 담겨 있습니다. 요한복음을 다시 읽으십시오.

우리도 진리이신 예수님과 진리의 영이신 성령님에 대한 가르침을 해야 합니다. 이것이 진리의 말씀들을 정직하게 기록하는 것입니다. 단순한 잠언이 아닙니다.

진리는 '참되게 사는 길'입니다. 예수님은 "내가 곧 진리다"라고 하셨습니다. 그리고 진리의 영이신 성령님이 오셨습니다. 성령님은 하나님이십니다. 그분을 인격적으로 존중하며 그분과 친밀하게 사귀는 것, 그분의 음성을 듣고 순종하는 것이 참되게 사는 길입니다. 어떤 사람도 성령님의 도우심이 없이 참되게 살아갈 수 없습니다.

교수나 목사도, 정치가나 대기업 회장이라도, 대통령도 성령님의 도우심이 없이는 진리를 알 수도 없고 단 하루도 참되게 살아갈 수 없습니다. 왕도 학자도 장사꾼도 모두 성령님을 의지해야 합니다. 성령님을 가장 존귀한 분으로 모셔야 합니다. 이것이 가장 큰 지혜입니다.

지혜의 말씀을 들을 때 눈물이 난다

여섯째, 지혜자들의 말씀들은 찌르는 채찍들 같습니다.

"지혜자들의 말씀들은 찌르는 채찍들 같고 회중의 스승들의 말씀들은 잘 박힌 못 같으니, 다 한 목자가 주신 바이니라."(전 12:11) 여기서 '한 목자'는 성령님이십니다.

지혜자들과 스승들의 말씀들은 달콤한 꿀이 아닙니다.

들을 때 찌르는 채찍들 같고 잘 박힌 못 같아 마음이 아프고 눈물이 납니다. 사람들은 괴롭다고 말합니다.

"이미 다 아니까 제발 그만 가르치세요."

하지만 듣고 또 들어야 합니다. 지혜의 말을 들을 때 깨달음을 얻고 성장하기 때문입니다. 그걸 비싼 돈 내고 전문가에게 코치 받는 것보다 귀하게 여겨야 합니다.

그런 지혜자들의 말들을 들으면 그 당시는 괴롭고 아프고 눈물이 나지만 나중에는 다 뼈가 되고 살이 됩니다.

나는 사람들이 내게 대해 뭐라고 하면 일단 가만히 듣고 있습니다. 그리고 "말도 안 돼. 절대로 그렇지 않아"라며 거부하는 것이 아니라 일단 "맞다"고 대답합니다.

그게 정말 맞든 안 맞든 그리 중요하지 않습니다. 일단 그렇게 말하는 그 사람 입장에서는 옳기 때문입니다. 그리고 나는 그 내용을 가지고 성령님께 직접 묻습니다.

"성령님, 그 사람이 나에 대해 이렇게 말했습니다. 성령님은 어떻게 생각하시나요? 저에게 말씀해 주세요."

그리고 잠잠히 참아 기다리면 성령님께서 내게 세미한 음성으로 정확하게 말씀하십니다.

'아들아, 그 문제는 이렇다.'

어떤 것은 세미한 음성으로 한두 마디 짧게 말씀하시고 또 어떤 것은 성경을 풀어 가며 길게 설명하실 때도 있습니다. 어떤 것은 논리 정연하게 '첫째, 둘째' 하면서 일곱 가지나 30가지를 설명해 주시기도 합니다.

이것은 성경과 같은 계시가 아닙니다. 성경 기록은 끝났습니다. 기록된 성경 말씀에 대한 깨달음, 그리고 내가 겪는 상황과 사건과 사람에 대한 깨달음입니다. 그러면 문제는 해결됩니다. 내 생각과 태도가 잘못되었으면 회개하고 고칩니다. 내가 옳다면 믿음으로 밀고 나갑니다.

그 시작이 어디였습니까? 사람들이 나에 대해 책망하는 말, 가르치는 말, 비난하는 말이었습니다. 그런 말들이 내게 성령님께 묻고 그분의 음성을 듣고 문제에 대한 해결책을 깨닫고 정립하는데 큰 유익을 안겨 준 것입니다. 얼마나 고마운 일입니까? 그러므로 나는 나를 비판하고 비난하는 사람에 대해 미워하지 않고 고맙게 여깁니다.

당신도 지혜자들의 말씀들과 회중의 스승들의 말씀들을 가지고 한 목자이신 성령님께 나아가 물으십시오. 그러면 당신의 인생에 큰 변화와 성장이 있게 될 것입니다.

그리고 깨달음을 얻을 때마다 회개하고 또 회개하십시오. 그것이 얼마나 큰 복인지 기억하고 잊지 마십시오.

하나님이 주신 지혜를 귀하게 여기라

일곱째, 많은 책을 짓는 것은 끝이 없습니다.

"내 아들아, 또 이것들로부터 경계를 받으라. 많은 책들을 짓는 것은 끝이 없고 많이 공부하는 것은 몸을 피곤하게 하느니라."(전 12:12)

나는 많은 책을 지었는데, 지금까지 100권이 넘는 종이 책을 출간했습니다. 하지만 나는 책을 짓는 것에 목적을 두지 않습니다. 사실 책은 한 권만 써내도 대단한 것입니다. 그런데 왜 내가 이렇게 끝도 없이 책을 써내는 걸까요? 하나님이 내게 많은 깨달음을 주시기 때문입니다.

하루는 성령님이 내게 말씀하셨습니다.

'너는 책 쓰기를 멈추지 마라. 네게 준 깨달음을 책에 담아내라. 그 모든 깨달음을 은금보다 더 귀하게 여기라.'

깨달음이 은금보다 얼마나 더 귀할까요? 억만 배나 더 귀합니다. 나는 그렇게 생각합니다. 지혜를 얻는 것이 은금과 진주를 얻는 것보다 억만 배나 귀합니다.

지혜의 말씀 하나가 인생을 바꿉니다. 평생의 죄와 목마름, 병과 가난, 어리석음과 징계와 죽음에 대한 문제를 해결합니다. 나이가 70, 80이 되어도 깨닫지 못하면 밑바닥 인생에서 벗어날 수 없습니다. 이런 말이 있습니다.

"천재와 바보는 종이 한 장 차이다."
"부자와 거지는 종이 한 장 차이다."
"미녀와 추녀는 종이 한 장 차이다."
"행복과 불행은 종이 한 장 차이다."
"축복과 저주는 종이 한 장 차이다."

이런 말을 하자면 끝이 없을 것입니다.

그 종이 한 장이 곧 지혜가 담긴 책 한 장이고 거기에 담긴 천재적인 깨달음입니다.

세상에는 많은 책이 있지만 그 중에서도 내가 쓴 책은 가장 존귀한 책이라고 확신합니다. 왜일까요?

내 책을 읽으면 하나님의 말씀이 깨달아지고 믿음과 지혜가 생기기 때문입니다. 그리고 예수님이 십자가에서 다 이룬 온전한 복음의 내용을 담았기 때문입니다.

성경을 수십 번 읽고 신학을 많이 공부하고 교회를 수십 년 다녀도 '예수님이 십자가에서 다 이룬 복음'을 모르는 사람이 의외로 많습니다. 의와 성령 충만, 건강과 부요, 지혜와 평화, 생명에 대한 일곱 가지 은혜가 있는데 그 중에 한두 가지만 깨닫고 제자리에 멈춰 있는 것입니다.

깨닫지 못한 부분은 그 문제가 해결되지 않기 때문에 온갖 변명과 자기 합리화를 하게 됩니다. 그러면 복음의 부요함을 놓치고 세상의 잡다한 철학에 빠지게 됩니다.

'의에 대한 문제'도 해결되지 않은 사람이 많습니다.

그리스도 안에서 믿음으로 얻게 되는 '성령 충만, 건강, 부요, 지혜' 그런 게 뭔지도 모르는 사람이 진짜 많고 그래서 평생 목마르고 병들고 가난하고 어리석게 삽니다. 죽어서 천국에는 가겠지만 이 땅에서의 삶은 지옥 같습니다.

지옥 같이 살다가 천국에 가는 것입니다.

자기만 그런 것이 아니라 그와 함께 하는 온 가족과 교인들이 다 그렇게 됩니다. 예수님이 십자가에서 다 이룬 온전한 복음을 깨닫지 못하면 평생 비옥한 인생이 아닌 비참한 인생에서 벗어날 길이 없습니다. 90세, 100세가 되어도 아니 천 년의 갑절을 살아도 깨닫지 못하면 비참한 삶에서 절대로 못 벗어납니다. 율법주의에 빠져 "성경에는 이렇게 말하고 있잖아요"라면서 부분적인 것에 매여 전혀 엉뚱한 길로 빠지고 그 멸망의 길을 옳다고 고집합니다.

성경 전체에서 말하는 하나님 아버지의 뜻은 그것이 아닙니다. 이 땅에서는 죽도록 고생하고 천국에 가서 개털 모자 쓰고 움막에서 쪼그리고 앉아 영원히 사는 것이 결코 아닙니다. 천국에는 그런 개털 모자와 움막이 없습니다.

하나님 아버지의 뜻은 당신이 이 땅에서 의와 성령 충만, 건강과 부요, 지혜와 평화와 생명을 풍성히 누리며 천국같이 살다가 천국에 가는 것입니다. 이것을 천국 복음 또는 온전한 복음이라 일컫습니다. 이렇게 말해 보세요.

"의성건부지평생. 천국같이 살다가 천국으로 갑시다."

그리고 내가 쓴 책이 귀한 이유는 가장 존귀하신 성령님에 대해 자세히 설명하며 가르치기 때문입니다.

성령님에 대해 더 많이 알고 싶으면 내가 쓴 성령님에

대한 책들을 다 구입해서 읽기 바랍니다. 한 마디로 말해 성령님은 '나와 함께 계신 나의 하나님'이십니다.

그분을 경외해야 합니다. 한 사람이 말했습니다.

"저는 일에서 삶의 의미를 느낍니다. 일이 제 인생에서 가장 큽니다. 일로 모든 사람과 관계를 맺고 있습니다."

내가 그분에게 대답했습니다.

"그렇다면 지금 당신이 하는 일이 끝나면 그곳에서 나와야 할 것이며, 얼마 있지 않아 죽게 될 것입니다. 그리고 당신이 천국에 가면 일이 없을 텐데, 그때는 어쩌죠?"

"그러면 어떻게 살아야 하나요?"

"가장 존귀하신 성령님을 사랑하세요."

그렇습니다. 당신이 하는 '일'보다 억만 배나 귀한 것이 곧 '사랑'입니다. 성령님을 사랑하고 그분께 푹 빠져 사십시오. 이것이 진리의 길이고 행복의 길입니다.

솔로몬이 결론을 말했습니다. 무엇일까요?

"사람을 두려워하지 말고 하나님을 경외하라. 부모 자녀, 형제자매, 친척 친구 등 사람을 기쁘게 하려고 애쓰지 말고 하나님을 기쁘시게 하고 오직 그분의 음성을 따라 살라"는 것입니다. 하나님은 중심을 살피시는 분입니다.

"일의 결국을 다 들었으니 하나님을 경외하고 그의 명령들을 지킬지어다. 이것이 모든 사람의 본분이니라. 하나

님은 모든 행위와 모든 은밀한 일을 선악 간에 심판하시리라."(전 12:13~14)

성령님, 안녕하세요? 인사하라

당신도 성령님을 체험하라

당신은 성령님을 잘 아십니까?

나는 성령님에 대해 가끔 듣긴 해도 그냥 지나갔습니다. 그런데 어느 날부터 성령님에 대해 궁금하고 알고 싶고 확실히 알고 싶어서 견딜 수가 없었습니다. 이제 보니 하나님이 내게 그런 마음을 주신 것 같습니다.

'대체 성령이 뭘까?'

이 사람 저 사람 또 여러 목사님한테 물어봤습니다.

그런데 이곳저곳 부지런히 다니면서 물어봐도 알 수 없었고 내 마음은 더 답답하기만 했습니다. 그래서 나는 기독교 서점에 가서 서점 안을 헤매고 다녔습니다.

성령을 확실히 알아야겠다고 이 책 저 책 이곳저곳 다 뒤지고 찾아보고 또 찾아 봤습니다. 그런데 뒤쪽에 〈성령을 체험하라〉는 책이 꽂혀 있었습니다. 그때도 김열방 목사님이 누구인지는 몰랐습니다. 그냥 책을 사 가지고 집에 와서 읽기 시작했습니다. 그런데 그 책을 읽으면서 내 가슴에 불이 붙었는데, 너무 뜨거워 견딜 수 없었습니다.

"앗, 뜨거워" 하면서 책을 읽는데 그 불이 식지 않았고 읽으면 읽을수록 내 가슴이 더 뜨거워졌습니다.

"성령님, 참 희한하네요. 이게 뭡니까? 뭡니까?" 하고 그 책을 순식간에 다 읽었고 내 인생이 바뀌었습니다.

그리고 김열방 목사님이 쓰신 다른 책도 사서 읽는데 그 책에는 "당신도 책을 써야 된다"고 했습니다. 그래서 나는 책을 써야 되나 하고 전화해서 "나도 책을 쓰겠다"고 했고 김열방 목사님의 도움으로 책을 쓰게 되었습니다.

"성령님, 정말 희한해요. 정말 희한해요. 전혀 모르는 목사님인데, 한 번 만나지도 않았는데 제 인생이 바뀌었어요. 책에서 성령님의 음성을 들었어요. 책에서 하라는 대로 해서 지금까지 왔습니다. 정말 알 수 없어요. 책 안에 사람이 있는 것 같네요. 성령님, 이게 웬일이에요. 너무 신기하고 놀랍기만 하답니다. 성령님, 희한하네요."

그 후로 나는 어디를 가든지 성령님과 같이 갑니다.

"성령님, 함께 가시지요."

나는 내 인생에서 가장 존귀하신 성령님을 높이 올려 드리고 싶고 또 자랑하고 싶습니다. 그래서 만나는 사람마다 "내 안에 성령님이 계신다. 성령님이 하셨다"고 자랑합니다. 내 힘으로는 아무것도 할 수 없었는데 성령님이 오시니까 무엇이든 다 할 수 있는 사람으로 바뀌었습니다.

당신도 성령님이 하셨다고 자랑하기 바랍니다.

나는 "성령님" 하며 그분의 이름을 많이 부르고 다닙니다. 수시로 성령님이 좋다고 표현합니다. "좋아요. 좋아요. 성령님이 너무 좋아요" 하면서 자꾸 그분의 이름을 부르고 다닙니다. 자나 깨나 성령님을 찾고 그분과 얘기합니다.

어디를 가든지 그분의 이름을 부르며 그분을 존중히 모시고 다닙니다. 종일 그분과 함께 하고 싶어서 밤에도 새벽에도 낮에도 성령님을 부릅니다.

"성령님, 성령님."

나는 내 평생 성령님께 묻고 듣고 그분과 인격적으로 교제하며 살기로 뜻을 정했습니다.

"존귀하신 성령님, 내 남은 인생, 오직 성령님과 함께 살겠습니다. 성령님, 사랑합니다. 행복합니다."

당신도 성령님을 체험하세요.

성령님을 만나세요. 성령님을 만나세요. 정말 쉬워요.

그분은 인격자이시므로 당신이 입을 열어 "성령님" 하고 부르면 됩니다. 그러면 지금 성령님을 만나게 됩니다.

최고이신 성령님과 함께 최고의 인생을 사세요. 얼마나 좋은지 모릅니다. 내가 쓴 책 〈최고이신 성령님을 만나라〉를 읽어보세요. 성령님은 정말 최고 중에 최고이십니다.

그리고 순간마다 이렇게 말씀드리세요.

"성령님, 억만 번이나 감사합니다."

"예수님, 억만 번이나 감사합니다."

"하나님 아버지, 억만 번이나 감사합니다."

| 성령 안에서 내 인생은 |

성령 안에서 내 인생은
너무 신기하고 놀랍고
이상하고 희한하다.

성령 안에서 내 인생은
너무 쉽고 재밌고
단순하고 비밀이다.

성령 안에서 내 인생은
황홀하고 찬란하고
눈부시고 아름답다.

성령 안에서 내 인생은
가슴 설레고 기적이고
기대되고 창조적이다.

성령 안에서 내 인생은
내가 도무지 알 수 없는
크고 넓고 깊고 높다.

성령 안에서 내 인생은
너무 좋고 행복하고
멋진 억만 불짜리다.

성령 안에서 내 인생은
천국같이 살다가 천국으로 간다.
내 안에 성령님이 계시니까.

성령 안에서 내 인생은
여러 가지 문제가 있긴 하지만
그 모든 일을 넉넉히 이긴다.

"그러나 이 모든 일에
우리를 사랑하시는 이로 말미암아
우리가 넉넉히 이기느니라."(롬 8:37)

성령님과 함께 시작하라

당신은 하루의 시작을 어떻게 합니까?

나는 이 하루를 성령님과 함께 시작합니다.

눈을 뜨면 가장 먼저 성령님께 인사부터 합니다.

"성령님, 안녕하세요?"

그리고 그분께 말을 걸며 이런 부탁을 드립니다.

"성령님, 오늘도 최고의 행복한 하루, 복음의 통로, 축복의 통로로 저를 사용해 주세요. 그렇게 되게 해 주셔서 감사합니다. 성령님, 사랑합니다. 감사합니다."

그 후에 잠깐 책상에 앉아 큐티 하며 기도하고 공책에 글을 몇 자 씁니다. 내가 하고 싶은 얘기와 성령님이 주시는 대로 글을 씁니다. 나는 나와 함께 하시는 성령님과 함께 얘기하고 또 얘기하며 그것을 글로 계속 써 내려 갑니다. 처음엔 날마다 똑같은 것만 쓰고 쓸 말이 없었습니다.

그러나 이제는 성령님이 가르쳐 주시는 대로 쓰고 또 쓰고 내가 생각하지 못한 것도 줄줄 쓰게 하십니다.

좋은 것도 쓰고 힘든 것도 씁니다.

성령님과 함께 앉아 울기도 하고 웃기도 합니다.

내 마음이 아프고 슬프고 괴로운 것도 성령님께 말씀드리고 글로 씁니다. 기쁨도 웃음도 희망도 꿈도 성령님께 말씀드리고 글로 씁니다. 그리고 그것을 책으로 출간합니다. 공책에 많은 깨달음들로 성령님이 채워 주십니다.

이곳이 내 인생을 쏟아 놓는 공간입니다.

존귀하신 성령님께서 날마다 새롭고 놀라운 것으로 가르쳐 주시고 또 생각나게 하시고 솟아 나오게 하십니다.

'오늘도 얼마나 좋은 것을 주실까?'

기도하며 기대하고 기다립니다. 참 놀랍죠? 재미있고 신나고 멋진 내 인생, 하나님이 만들어 주신 내 인생, 크고 비밀한 내 인생, 놀랍고 놀랍기만 한 내 인생입니다.

내 안에 성령님이 계시니까요.

나의 인생을 성령님과 함께 하나씩 끄집어냅니다. 글로 끄집어내고 말로 끄집어내고 행동으로 끄집어냅니다. 하나님이 주신 내 인생, 이렇게 멋지고 아름다운 거라고 사람들에게 얘기해 주고 싶어요. 그래서 책을 씁니다.

"성령님, 제가 행복한 것을 한 사람, 두 사람, 그리고 더 많은 사람에게 얘기할 수 있도록 성령님께서 자세하게 가르쳐 주세요. 지혜를 주세요. 말씀해 주세요. 하나님이 만드신 내 인생이 이렇게 좋고 행복한 거라고 찬란한 거라고 모든 사람에게 그 비결을 나누어 주고 싶습니다."

당신도 나처럼 행복하게 살고 싶습니까? 쉽습니다.

그러려면 먼저 예수님이 당신의 죄를 위하여 십자가에 달려 죽으시며 "다 이루었다"(요 19:30)고 하신 복음, 이 온전한 복음을 믿고 그 안에서 살아야 합니다. 그러면 그리스도 안에서 새로운 피조물이 되고 의와 성령 충만, 건강과 부요, 지혜와 평화와 생명을 얻게 됩니다.

나는 이런 일곱 가지 복을 받았습니다.

"나는 예수님 때문에 의인이다."
"나는 예수님 때문에 성령 충만 받았다."
"나는 예수님 때문에 건강하다."
"나는 예수님 때문에 부요하다."
"나는 예수님 때문에 지혜롭다."
"나는 예수님 때문에 평화롭다."
"나는 예수님 때문에 생명을 얻었다."

내가 이렇게 된 것은 모두 하나님의 은혜입니다.

"성령님, 좋아요. 억만 번이나 감사합니다."
"예수님, 좋아요. 억만 번이나 감사합니다."
"하나님 아버지, 좋아요. 억만 번이나 감사합니다."

성령님이 내 인생을 바꾸셨습니다.

"성령님, 죄와 목마름, 병과 가난, 어리석음과 징계와 죽음 가운데 비참하게 살던 내 인생, 그런 내게 이 귀한 복음을 알게 해 주시고 또 이 천국 복음 안에서 비옥한 인생을 살게 해 주셔서 억만 번이나 감사하고 사랑합니다."

당신도 지금 하나님을 찾으세요.

지금 예수님을 믿으세요. 지금 성령님을 만나세요.

하나님은 당신을 사랑하십니다. 하나님은 당신을 기다리고 또 기다리십니다. "하나님이 세상을 이처럼 사랑하사 독생자를 주셨으니 이는 그를 믿는 자마다 멸망하지 않고 영생을 얻게 하려 하심이라"(요 3:16)고 했습니다.

꼭 예수님을 믿고 영생을 얻기 바랍니다.

당신을 축복합니다.

성령 안에서 기적의 숲이 되라

당신은 날마다 기적을 경험하고 있습니까?

하나님의 자녀의 삶은 초자연적인 기적의 연속입니다.

예수 믿고 구원 받은 것만도 결코 자연적인 일이 아닙니다. 초자연적인 일이고 기적 중에 가장 큰 기적입니다.

하루는 성령님께서 '하나님의 기적, 기적의 숲'이란 제목으로 글을 쓰라는 감동을 주셨는데, 나는 쉽게 줄줄 쓸 줄 알았습니다. 그런데 조금 쓰고 나니까 더 이상 할 말이 없고 계속 쓸 수 없어서 쓰다가 그만 뒀습니다.

그러다가 다시 성령님께 도움을 구했습니다.

"어떻게 써야 되는지, 지혜를 주세요."

성령님께 묻고 또 물었습니다.

"도대체 무엇이 기적인가요?"

그러다가 나는 큰 깨달음을 얻었습니다. 내가 절대로 할 수 없는 것을 하게 되는 것이 기적이라는 것입니다.

내가 할 수 없는 것이 무엇일까요? 창조적인 글쓰기 곧 '책을 쓰는 것'이었습니다. 글을 쓴다는 것은 백지에 나의 삶과 깨달음 곧 내 이야기를 하나씩 담아내는 창조적인 작업입니다. 성령님께서 내 마음에 말씀하셨습니다.

'딸아, 네가 그렇게 복음의 글을 한 자 한 자 쓰는 것이 하나님의 기적이다. 기적 중의 기적이고 기적의 숲이다.'

나는 그런 생각을 하지 않았는데, 큰 깨달음입니다.

복음의 책을 써내므로 성령님을 높이는 것이 곧 기적의 숲입니다. 이것은 기적 중의 기적입니다. 복음의 책으로 성령님을 높이는 것을 하나님이 그렇게도 기뻐하십니다.

당신도 복음의 책, 믿음의 책을 써내세요. 안 된다고 말하지 말고 꿈을 가지고 성령님께 도움을 구하세요.

하나님은 내게 하나, 둘, 셋, 넷, 자꾸자꾸 기적을 더하여 주셨습니다. 그래서 나는 "하나님, 100개 이상 기적을 주세요"라고 기도했는데 지금 돌아보니 기적 중에 기적, 가장 큰 기적은 이렇게 책을 써내므로 최고이신 성령님을 높이는 거네요. 한 글자, 한 줄, 한 문단, 한 페이지, 이 얼마나 큰 기적인지 모릅니다. 책은 아무나 못씁니다.

성령님의 도우심이 없이는 한 줄도 못씁니다.

"성령님, 억만 번이나 감사합니다. 이 놀라운 사실을 깨닫게 해 주셔서 감사합니다. 제가 쓰는 이 책을 통해 오직 성령님만 높이겠습니다. 이 귀한 은혜를 평생 잊지 않게 해 주세요. 영원히 성령님만 높이며 살게 해 주세요."

당신도 김열방 목사님과 복음 작가들이 쓴 책을 100권 이상 읽으세요. 그리고 당신도 100권 이상 책을 써내세요. 책을 통해 성령님을 높이겠다고 뜻을 정하면 성령님이 좋아하시고 기뻐하십니다. 당신도 꼭 읽고 써야 됩니다.

그것도 나중이 아닌 지금 해야 합니다. 지금 하세요.

"책에 써서 후세에 영원히 있게 하라."(사 30:8)

복음의 책, 믿음의 책을 읽어라

당신은 책 읽는 것을 좋아하시나요?

책 읽는 것을 좋아한다고요? 날마다 성장할 거예요.

책 읽는 거 싫어한다고요? 그래도 일단 한 권만 읽어보세요. 한 권만 읽어도 당신의 인생이 200퍼센트 바뀝니다. 한 권만 읽어도 새로운 인생으로 살 수 있습니다.

어떤 책을 읽어야 할까요? 예수님이 십자가에서 다 이루었다는 온전한 복음이 담긴 책입니다. 하나님의 사랑에 대한 책입니다. 성령님과 인격적으로 교제하는데 대한 책입니다. 하나님의 믿음이 담긴 복음적인 책입니다.

잡다한 책을 많이 읽으라는 것이 아닙니다. 잡다한 책은 잡다한 생각과 일에 빠지게 하고 불행해지게 합니다.

복음의 책, 믿음의 책을 읽어야 인생이 달라집니다. 어둠의 인생이 빛으로 바뀌고 지옥 같은 인생이 천국으로 바뀝니다. 예수님을 주인으로 모시고 성령과 말씀으로 살아가며, 하나님이 주신 기적의 숲으로 살게 됩니다.

하나님이 자녀의 가장 존귀한 인생을 살게 됩니다.

"영접하는 자 곧 그 이름을 믿는 자들에게는 하나님의 자녀가 되는 권세를 주셨으니."(요 1:12)

이것보다 귀한 것은 없습니다.

성령님, 안녕하세요?

당신은 성령님을 인격적으로 사귑니까?

성령님은 단순한 힘과 정신, 사상이 아닙니다.

성경은 말씀합니다. "오직 성령이 너희에게 임하시면 너희가 권능을 받고 예루살렘과 온 유대와 사마리아와 땅 끝까지 이르러 내 증인이 되리라 하시니라."(행 1:8)

그분은 통나무가 아닌 인격을 가진 분이십니다. 지성과 감정과 의지를 갖고 우리와 사귐을 가지는 분이십니다. 그분은 믿음과 소망과 사랑이 가득한 하나님의 영이십니다.

성령님은 가장 존귀하신 분입니다. 그분을 인격적으로 대하며 말을 걸고 매일 사랑한다고 고백해야 합니다.

"성령님, 안녕하세요? 사랑합니다."

성령님께 말을 걸어라

당신은 아침에 누구한테 제일 먼저 인사합니까?

나는 인사는 사람한테만 하는 줄 알았습니다. 내가 초등학교에 처음 가는데 우리 아버지가 "경애야" 하고 불렀습니다. 그리고는 인사를 잘하라고 말씀하셨습니다.

"엄마, 학교 다녀오겠습니다. 아버지, 학교 다녀오겠습니다. 이렇게 인사하고 가는 거야."

나는 "네" 하고 그날부터 학교 갈 때도 집에 와서도 계속 인사하고 다녔습니다. 집에 와서 엄마가 안 보이면 찾아다니면서 인사했습니다. 그렇게 깍듯이 인사하는 게 재밌고 좋았습니다. 또 아버지가 자전거 타고 출근하실 때는 우리 식구 모두가 나와서 인사하곤 했습니다. 그리고 내가 학교 갈 때 버스 타는데 엄마가 나오셔서 그 버스가 보이지 않을 때까지 계속 손을 흔들고 서 계셨습니다.

나도 버스 안에서 손 흔들며 우리 식구 모두 예수 잘 믿게 해 달라고 기도하면서 학교에 갔습니다. 그리고 나는 그때 기도한 것을 잊어버렸는데 지금 보니 하나님이 다 믿게 해 주셨고 한 사람만 믿다가 잠깐 쉬고 있습니다.

그 가정도 예수 잘 믿게 해 주실 줄 믿습니다.

그 후에 결혼해서 남편, 아이들을 다 보내고 나는 교회, 슈퍼, 그리고 이곳저곳을 갔는데, 내 앞에 부모님이 안 계시니 따로 인사할 데가 없었습니다. 그래서 거울 앞에 서서 "하나님 아버지, 오늘 교회 갑니다. 잘 다녀올게요"라고 인사하고 교회에 갔습니다. 그렇게 하나님 아버지는 집에 계시게 하고 나 혼자 돌아다녔던 것입니다.

나는 이곳저곳으로 다니며 이 일도 하고 저 일도 하면서 혼자 부지런히 뛰어다녔습니다. 뭔가 허전했습니다.

그러다가 어느 날 김열방 목사님이 쓰신 성령님에 대한 책을 읽었는데 "성령님 안녕하세요?"라고 인사하는 걸 보고 깜짝 놀랐습니다. '이런 인사도 있나?' 하고 신기하게 생각하면서 나도 그렇게 하기로 마음먹었습니다.

당신도 아침에 일어나면 성령님께 인사하세요.

"성령님, 안녕하세요?"

그리고 나는 성령님을 집에 두고 혼자 나가는 것이 아니라 성령님의 손을 잡고 함께 나갑니다. 그분과 얘기도 많이 하고 "성령님, 좋아요. 행복해요" 하면서 종일 성령님과 함께 살고 먹고 마시고 일하고 생활하고 부르고 또 부르고 묻고 또 묻고 성령님과 아주 친하게 지냅니다.

사람에게 하듯이 성령님께 바짝 붙어서 이런 얘기 저런 얘기하면서 나의 주인으로 모시고 하루하루 살아갑니다.

밤에도 새벽에도 낮에도 늘 성령님을 부르고 어디를 가

든지 그분과 같이 갑니다. 너무 신나고 재미있어요.

때로는 마음이 좀 가라앉았다가도 다시 성령님을 부르면 마음이 행복해지고 믿음이 가득해집니다. 내가 그렇게 성령님을 부르니까 그분은 나에게 가장 좋은 것으로 채워 주셨습니다. 날마다 귀한 말씀을 가르쳐 주시고 최고의 길로 가며 최고의 인생을 살 수 있게 이끌어 주신 것입니다.

당신도 "성령님, 안녕하세요?" 하고 하루를 시작하세요. 인생이 하늘과 땅 차이로 바뀌고 지옥 같은 날이 잔칫날로 바뀝니다. 너무 쉽고 재미있어요.

나는 성령님이 너무 좋아요. 행복합니다.

"성령님, 억만 번이나 감사합니다. 억만 번이나 사랑합니다. 당신도 지금 예수 믿고 성령으로 거듭나서 하나님의 자녀로 성령님과 함께 사세요. 우리 모두 천국같이 살다가 천국으로 갑시다. 성령님이 천국을 가지고 오셨습니다."

그리고 성령님과 함께 복음을 전합시다. 책도 써내고 노방전도도 하고 상담도 하며, 모든 때에 모든 방법으로 모든 사람에게 복음을 전합시다. "지혜 있는 자는 궁창의 빛과 같이 빛날 것이요 많은 사람을 옳은 데로 돌아오게 한 자는 별과 같이 영원토록 빛나리라."(단 12:3)

당신은 행복한 전도자입니다.

| 성령의 사람 |

하나님은 성령의 사람을
그렇게 좋아하시네요.

하나님은 하나님의 이름을
최고로 높이는 사람을
최고로 좋아하시네요.

하나님은 성령님을 찾고
성령님께 모든 것을 묻고
성령님을 부르는 사람을
최고로 좋아하시네요.

하나님은 그런 사람 곧
성령의 사람을 찾고 계시네요.

그런 사람은 내 힘으로 살지 않고
성령의 힘으로 살기 때문에
마음에 쉼이 있습니다.

하나님, 좋아요. 좋아요. 억만 번이나 좋아요.
예수님, 억만 번이나 감사합니다.
성령님, 억만 번이나 사랑합니다.

성령 안에서 하나님 자녀로 살라

당신은 자신이 누구라 생각합니까?

"영접하는 자 곧 그 이름을 믿는 자들에게는 하나님의 자녀가 되는 권세를 주셨으니."(요 1:12)

나는 우리 어머니 아버지가 나를 낳아 주시고 곱게 잘 키워 주셔서 너무 감사하고 부모님이 최고인 줄 알았습니다. 그런데 교회 가니까 사람이 두 번 태어난다고 해요.

난 신기하게 여기며 궁금했어요.

'저게 뭘까? 한 번 태어났는데 또 태어난다고?'

그리고는 슬쩍 지나갔습니다. 그런데 이제 보니까 한 번 더 태어난다는 것 얼마나 놀랍고 오묘하고 신기한 일인지 몰라요. 하나님 아버지를 내 친아버지로 삼고 나는 그분의 자녀 곧 하나님의 친자녀로 태어난다는 것, 성령 안에서 다시 태어난다는 것, 내 생각으로는 알 수 없고 하나님의 생각 곧 성령의 생각으로만 알 수 있는 일이지요.

내가 그리스도 안에서 다시 태어나서 성령님과 함께 날마다 살아간다는 것, 나 혼자 사는 것이 아니라 둘이 함께 세상을 살아갑니다. 내가 생각할 수 없는 일이지요.

성령님과 함께 자고 함께 일하고 함께 얘기하고 함께 한다는 것, 난 감히 생각지도 못했어요. 하지만 이제 압니다. 나는 보이지 않는 영이신 성령님과 함께 살아갑니다.

당신도 하나님의 자녀의 권세를 가지고 살아가세요.

하나님의 자녀의 인생을 절대로 빼앗기지 마세요.

지금 예수님을 주인으로 모시고 성령으로 거듭나 하나님의 자녀로 사세요. 하나님의 자녀로 사세요.

어둠에서 빛의 인생으로 펼쳐집니다. "그런즉 누구든지 그리스도 안에 있으면 새로운 피조물이라. 이전 것은 지나갔으니 보라 새 것이 되었도다."(고후 5:17)

성령 안에서 복음의 인생 살라

당신은 어떤 인생을 살고 있습니까?

나는 예수 믿고 잘되고 잘살고 다르게 살고 싶은데 어떻게 사는 것이 다르게 사는 것인지 알 수 없었습니다.

그러나 이제 내 안에 성령님이 계시니까, 이 길로 잘살게 해 주셨습니다. 성령 안에서 복음의 인생으로, 복음의 길로, 보석 같은 인생으로, 하나님 자녀의 인생으로, 빛의 인생으로, 믿음의 인생으로, 복음을 누리고 복음을 전하고 복음으로 산다는 것, 아주 쉽고 재미있고 살맛납니다.

"예수님이 십자가에서 다 이루었다."(요 19:30)

이러한 온전한 복음을 믿기만 하면 죄, 목마름, 병, 가난, 어리석음, 징계, 죽음에서 자유를 얻고 행복해집니다.

그리고 완전히 새로운 피조물이 됩니다.

나는 예수님이 십자가에서 다 이룬 복음을 통해 내 인생이 바뀌었고 날마다 이렇게 고백하며 행복하게 삽니다.

"나는 의인이다."(롬 1:17)

"나는 성령 충만하다."(요 7:38)

"나는 건강하다."(마 8:17)

"나는 부요하다."(고후 8:9)

"나는 지혜롭다."(엡 1:8)

"나는 평화를 가졌다."(사 53:5)

"나는 생명을 가졌다."(요 6:47)

당신도 나처럼 예수님을 믿으면 이런 복을 받아 누리며 천국 같이 행복한 삶을 살다가 천국에 갈 수 있습니다.

"성령님, 이 보석 같은 귀한 인생을 살게 해 주셔서 감사합니다. 이 복음을 모든 사람들과 함께 누릴 수 있게 되기 원합니다. 제가 어떻게 전하면 됩니까? 성령님, 가르쳐 주세요. 지혜를 주세요. 말씀해 주세요. 도와주세요. 이 놀랍고 놀라운 찬란한 복음을 만나는 이마다 얘기할게요. 성령님, 더 많은 지혜를 주세요. 그래서 세상 모든 사람들이 다 예수 믿고 아주 행복하게, 보석같이 빛나는 인생을 살게 하고 싶습니다. 성령님, 내게 먼저 이 복음을 알게 해 주셔서 감사합니다. 성령님, 억만 번이나 감사합니다. 예수님, 억만 번이나 사랑합니다. 하나님 아버지, 억만 번이나 좋아요. 예수님 이름으로 기도 드립니다. 아멘."

나는 성령 안에서 저절로 잘된다

당신은 인생을 어떻게 살았다고 생각합니까?

나는 단순히 '내가 착하게 열심히 살고 교회에 가서 기도하고 말씀 읽고 그렇게 신앙생활 잘하면서 살면 되겠지' 하고 살았는데, 그게 다가 아니었습니다. 어떻게 사는 것이 바로 사는 것인지 몰라 내 마음이 많이 답답했습니다.

그러다가 내 안에 빛이신 성령님이 들어오시고 난 후로는 '세상에서 가장 존귀하신 성령님과 함께 사는 것' 바로 이 길만이 내가 걸어가야 할 길임을 알게 되었습니다.

2천 년 전에는 예수님과 함께 그렇게 사는 것이었고 지금은 예수의 영이신 성령님과 함께 그렇게 사는 것입니다. 이것이 열두 제자를 불러 세우신 목적이었습니다.

마가복음 3장 14절에 나옵니다.

"이에 열둘을 세우셨으니 이는 자기와 함께 있게 하시고 또 보내사 전도도 하며."

예수의 영이신 성령님도 지금 동일한 일을 하십니다.

그분이 당신에게 말씀하십니다.

"이에 열둘을 세우셨으니 이는 자기와 함께 있게 하시고 또 보내사 전도도 하며."

성령님이 우리를 불러 제자로 세우신 것은 자기와 함께 있게 하시고 또 보내어 전도도 하기 위함입니다.

그러므로 우리는 늘 성령님께 물어보고 또 물어보아야 합니다. 성령님이 주인이십니다. 그래서 그분을 '주의 성령'이라고 부릅니다. 좋은 주인님께 물어야 합니다.

성령님께 순간마다 묻고 하루를 살 수 있다는 게 얼마나 큰 복인지 모릅니다. 내가 성령님을 인격적으로 존중히 모시자 그분이 하나씩 길을 열어 주시고 인생의 답을 가르쳐 주셨습니다. 그분이 말씀하셨습니다.

'경애야, 인생은 네가 애쓰고 노력해서 잘되는 게 아니라 저절로 잘되는 거란다. 믿음으로 내 안에 거하는 인생은 저절로 잘된다. 저절로 잘되는 인생이다.'

구원을 받는 것도 행위가 아닌 믿음입니다.

바울은 에베소 교회에 말했습니다.

"너희는 그 은혜에 의하여 믿음으로 말미암아 구원을 받았으니 이것은 너희에게서 난 것이 아니요 하나님의 선물이라."(엡 2:8)

얼마 전 이웃사랑 초청잔치에, 나는 어떤 분에게 언제 몇 시까지 꼭 한 번 교회에 오시라고 얘기했습니다. 그랬더니 그 사람이 자기 달력에다 그 날짜에 커다랗게 동그라미를 그려 놓고 간절히 기다리고 있었습니다.

성령님이 그분의 마음을 움직여 교회에 가고 싶도록 만들어 주셨고 저절로 올 수 있게 해 주셨습니다.

모두 하나님이 하셨고 하나님의 은혜입니다.

"하나님, 억만 번이나 감사합니다."

"예수님, 억만 번이나 감사합니다."

"성령님, 억만 번이나 감사합니다."

나는 전도할 때 먼저 이렇게 기도합니다.

"주님, 이 사람이 꼭 예수 믿고 구원 받아 예수님을 주인으로 모시고 주의 이름을 높이며 살게 해 주세요."

그런 후에 믿음의 기도를 합니다.

"그렇게 해 주신 줄로 믿고 감사드립니다. 주님."

그러면 성령님께서 실제로 그렇게 되도록 역사해 주십니다. 또 한 번은 성령님께 뭘 묻고 있었는데 갑자기 내 마음에 이런 놀라운 깨달음을 주셨습니다.

'다윗이 골리앗을 물리친 건 저절로 된 거야.'

주님께서 다윗이 물맷돌을 잘 던지게 해 주셔서 저절로 골리앗을 물리치게 해 주셨다는 것입니다.

모두 하나님의 은혜입니다.

또 다니엘은 사자 굴속에서 살아났습니다. 다니엘이 사자와 피 흘리며 격렬하게 싸우지 않았습니다. 기도하고 굴속에 들어갔는데 저절로 사자를 이기게 해 주셨습니다.

하나님이 하셨습니다. 그분이 다 하셨습니다.

하나님이 다 하시면 저절로 잘되고 저절로 이기고 저절로 물리치고 저절로 승리하게 해 주십니다. 인간적인 방법으로 억지로 힘쓰며 노력해야 하는 것이 아닙니다.

모두 하나님의 은혜요 하나님의 방법입니다. 하나님이 저절로 하게 하셔서 하나님의 이름을 온 천하에 높이게 하십니다. 당신도 예수님을 주인으로 모시고 성령으로 거듭나면 하나님의 자녀의 권세를 받고 저절로 잘됩니다.

하나님은 당신을 사랑하십니다. 지금 예수님을 믿고 영접하세요. 그러면 이 땅에서 천국같이 살다가 천국으로 가게 해 주십니다. 이것이 가장 큰 복입니다.

성령님이 인생의 답이다

당신은 인생의 의미를 어디에서 찾습니까?

나는 처음부터 끝까지 성령님에게서 의미를 찾습니다.

바울은 하나님의 성령이 우리 안에 계신다고 했습니다.

"너희는 너희가 하나님의 성전인 것과 하나님의 성령이 너희 안에 계시는 것을 알지 못하느냐."(고전 3:16)

이것만큼 큰 기적은 어디에도 없습니다.

나는 인생이 너무 힘들 때가 있었습니다. 앞으로 어떻게 살아야 할지 모르고 또 기도는 어떻게 해야 할지, 앞이 캄캄해서 도대체 무엇을 어떻게 해야 할지 몰라 괴로웠습니다. 내 인생에 전혀 답이 없었습니다. 그러다가 '조용기 목사님은 어떻게 기도하시나?' 하고 궁금했습니다.

그분이 TV에서 말씀을 전하는데 이런 기도를 하라고 했습니다. "내가 왜 태어났는지? 왜 사는지? 내가 누구인지? 어떻게 살아야 되는지? 무얼 해야 되는지? 하나님께 물어보며 기도하세요"라고 말씀하셨습니다.

그날부터 나는 조용기 목사님이 쓰신 책도 사서 읽으면서 내 인생에 대한 기도를 쉬지 않고 물어봤습니다.

"하나님, 인생이 뭐예요? 도대체 인생이 뭐예요? 내가 왜 태어났어요? 나는 누구예요? 어떻게 살아요?"

매일 수시로 묻고 또 묻고 또 묻고 또 묻고 내 인생이 궁금해서 셀 수 없이 물어보았습니다. 그랬더니 하나님께서 이 사람 저 사람을 만나게 해 주시고 또 이 책 저 책도 읽게 해 주시면서 한 가지씩 가르쳐 주셨습니다.

그렇게 1년, 2년, 3년, 계속 쉬지 않고 '하나님이 주신 인생은 이런 거야' 하고 가르쳐 주셨습니다. 그리고 책을 읽다가 특별히 김열방 목사님을 만나게 해 주셨습니다.

하나님은 김열방 목사님을 통해 내 인생 이야기를 책에 쓰게 해 주셨습니다. 그리고 내 안에 계신 가장 존귀하신 성령님을 인격적으로 만나게 해 주시므로 내 인생 문제가 다 풀리게 해 주셨습니다. 이제는 그 문제가 다 해결됐습니다. 내 인생의 답은 '성령님'입니다. 그렇습니다.

가장 존귀하신 성령님이 내 안에 계신데, 왜 바깥에서 두리번거리며 끝도 없이 다른 보화를 찾으려 했을까요?

성령님은 세상에서 가장 귀한 보화이십니다.

바울도 이 보화를 발견했다고 했습니다. "우리가 이 보배를 질그릇에 가졌으니 이는 심히 큰 능력은 하나님께 있고 우리에게 있지 아니함을 알게 하려 함이라."(고후 4:7)

당신도 성령님께 물어보면 다 가르쳐 주십니다.

"성령님, 억만 번이나 고맙습니다. 억만 번이나 감사합니다. 예수님, 억만 번이나 높입니다. 억만 번이나 행복합니다. 하나님 아버지, 억만 번이나 사랑합니다."

지금 예수님을 주인으로 모시고 성령님께 물으세요.

"성령님께 어떻게 해야 할까요?" 묻기만 하면 됩니다.

그분은 인격적인 분이시므로 당신이 묻지 않으면 10년이 지나도 말씀하지 않으십니다. 당신이 그분을 존중하며 물을 때 그분은 자상하게 말씀하시며 설명해 주십니다.

사울 왕은 묻지 않았고 다윗은 물었습니다. 그로 인해 사울은 버림받았고 다윗은 존귀한 자가 되었습니다.

"사울이 죽은 것은 여호와께 범죄하였기 때문이라. 그가 여호와의 말씀을 지키지 아니하고 또 신접한 자에게 가르치기를 청하고 여호와께 묻지 아니하였으므로 여호와께서 그를 죽이시고 그 나라를 이새의 아들 다윗에게 넘겨 주셨더라."(대상 10:13~14)

하나님께 묻지 않고 임의로 행하는 것은 범죄입니다.

성령님은 그냥 귀한 분이 아닙니다. 다른 어떤 존재보다 좀 더 귀한 분도 아닙니다. 성령님은 가장 존귀한 분입니다. 그런 성령님을 인격적으로 무시하는 것은 죄입니다.

성령님을 왕보다 더 존귀한 분으로 섬기세요. 그분은 만왕의 왕이요 영광의 왕이십니다. 그분은 최고입니다.

사람들이 혼돈하고 공허하고 흑암이 깊음 위에 있는 것처럼 비참하게 사는 것은 성령님을 무시하기 때문입니다.

하나님의 영이신 성령님이 운행하시면 모든 것이 달라집니다. 창조적인 역사가 일어납니다. 성령님이 역사하시면 지옥 같은 인생이 천국 같은 인생으로 바뀝니다.

내 안에 계신 성령님이 답입니다.

성령님은 내 말을 다 듣고 계신다

당신은 말할 때 어떤 말을 하십니까?

나는 말할 때, 내가 예수님을 믿으니까 좋은 말을 해야 되는데 그게 무슨 말인지 모르고 꼭 할 말만 하고 그 후에는 말을 함부로 안하고 입을 꾹 다물고 있으니까 다른 사람들은 내가 있는지 없는지 잘 모르기도 합니다.

그런데 성경 잠언을 읽으면서 솔로몬이 지혜를 달라고 구했다는 사실을 알게 되었습니다. 나도 지혜를 받고 싶었고 우리 아이들한테도 지혜를 물려주고 싶었습니다.

"하나님 아버지, 지혜를 주세요."

나는 그렇게 기도하면서 성경을 읽었습니다.

그러다가 '아이를 낳으면 이름을 이렇게 지어야지'라고 생각했는데 그 이름이 '지은'이었고 황지은이라고 이름을 지었습니다. 지혜로울 지, 은혜 은이란 뜻입니다.

"하나님의 지혜로 모든 사람에게 은혜를 끼쳐라."

딸 이름을 그렇게 지어 주었습니다. 그런데 딸이 자라면서 뭐든 아주 잘하는 것이었습니다. 공부도 잘하고 다른 면에서도 열심히 하고 더 잘하려고 부지런히 했습니다.

나는 그런 딸을 보면서 단순히 본인이 머리가 좋아서 잘하는 줄 알았고 내가 하나님께 기도한 말을 잊고 있었습니다. 사실 하나님께서 내 말을 다 듣고 계셨고 그대로 이루어 주셨는데, 나는 그걸 잊었던 것입니다.

"하나님, 용서해 주세요. 잘못했어요."

말만 해 놓고 나는 잊어버렸지만 하나님은 다 기억하고 계셨습니다. 성경에 "너희 말이 내 귀에 들린 대로 내가 너희에게 행하리니"(민 14:28)라고 했습니다.

하루는 이 이야기를 들은 아들이 내게 말했습니다.

"엄마는, 나를 위해서는 왜 그런 기도를 안 해줬어요?"

나는 생각도 안하고 있었는데 말입니다. 그래서 지금 이 책을 쓰면서 아들을 위해 축복 기도를 했습니다.

"하나님, 아들에게도 지혜를 주세요."

그리고 예전에 그러지 못했던 것을 회개했습니다.

"하나님 아버지, 제가 이래요 내 마음대로 내 생각대로 막 살아요. 예수님 잘못했어요. 예수의 피로 용서해 주세요. 성령님, 이제는 꼭 성령님께 물어보고 하겠습니다."

당신은 지금 어떤 말을 하며 사나요?

오직 믿음의 말, 축복의 말만 하며 살기 바랍니다.

부정적인 말은 하지 마세요.

"나도 모르게 부정적인 말이 자꾸 나와요."

이것은 내 힘으로 안 됩니다. 성령님께 도움을 구해야 합니다. 나는 이렇게 기도합니다.

"성령님, 오늘도 믿음의 말, 복음의 말, 축복의 말, 빛의 말, 성령의 말, 살리는 말, 사랑의 말, 하나님을 높이는 말만 하게 해 주세요. 저를 도와주세요. 가르쳐 주세요. 지혜를 주세요. 저에게 세미한 음성으로 말씀해 주세요."

당신도 기도하면 성령님이 역사해 주십니다.

성령님께 도움을 구하라

당신은 모든 일에 성령님께 도움을 구합니까?

나는 내 힘으로 할 수 있는 것이 하나도 없기 때문에 자나 깨나 전능하신 성령님께 도움을 구합니다.

"성령님, 역사하여 주세요. 도와주세요."

그러면 성령님이 도와주십니다. 내가 이렇게 책을 쓰는 것도 내 힘으로 하는 것이 아닙니다. 내 힘으로는 한 줄도 쓸 수 없는데, 성령님께 도움을 구하니까 그분이 도와주시는 것입니다. 성령님이 도와주시면 창조적인 역사가 일어납니다. 당신도 성령님께 도움을 구하세요.

사람이 아무리 똑똑해도 그건 통의 한 방울 물 같이 작습니다. 사람은 오직 하나님의 지혜로 살아야 합니다.

하나님의 지혜로 살려면 이렇게 기도해야 합니다.

"세상을 살아갈 때 하나님의 지혜로 살고 싶어요."

그러면 하나님이 지혜를 주십니다. 이 지혜는 인간의 지혜가 아닙니다. 하나님의 지혜입니다. 하나님은 지혜를 주시는 일에 인색하지 않고 후하게 주십니다.

야고보서 1장 5절에 말씀합니다. "너희 중에 누구든지 지혜가 부족하거든 모든 사람에게 후히 주시고 꾸짖지 아니하시는 하나님께 구하라. 그리하면 주시리라."

전도할 때도 성령님께 도움을 구해야 합니다.

나는 밖에 나가서 아이들을 전도할 때 내 힘으로 하지 않습니다. 성령님께 도움을 구합니다. 그리고 아이들을 만

나면 그들에게 복음을 전하며 꿈을 심어 줍니다.

"얘들아, 꿈이 없으면 꿈을 가져라. 꿈이 있으면 그 꿈을 가지고 예수님을 믿고 하나님께 크게 쓰임 받아라."

또 공부를 잘 못하면 하나님께 지혜를 달라고 하면 주신다고 하니까, 아이들의 눈이 동그래지고 입이 열려서 고맙다고 합니다. 당신도 성령님께 도움을 구하세요.

"성령님, 우리 식구와 세상 모든 사람이 예수 믿고 구원받고 큰 꿈을 가지고 하나님께 영광 돌리게 해 주세요."

돈을 많이 벌고 공부를 열심히 하는 것도 귀한 일이지만 그보다 귀한 일, 가장 귀한 일이 있습니다. 무엇일까요? 한 영혼 한 영혼에게 다가가 전도하는 것입니다.

이것이 세상에서 가장 귀한 일입니다. "지혜 있는 자는 궁창의 빛과 같이 빛날 것이요 많은 사람을 옳은 데로 돌아오게 한 자는 별과 같이 영원토록 빛나리라."(단 12:3)

나는 전도하러 나가면서 성령님께 도움을 구합니다.

"성령님, 제가 많은 사람을 옳은 데로 인도하게 해 주세요. 예전에는 할 말이 하나도 없었는데 이제는 할 말이 많아서 좋아요. 성령님께서 가르쳐 주신 대로 만나는 사람들에게 지혜의 말씀을 많이 말하고 싶어요. 어둠속에서 방황하는 저들을 복음의 빛으로 살려 주고 싶어요. 성령님, 저에게 날마다 지혜를 더해 주세요. 모든 일을 성령님과 함께 지혜롭게 행하고 또 복음을 많이 전하며 살겠습니다. 성령님, 억만 번이나 감사합니다. 예수님, 억만 번이나 감사합니다. 하나님 아버지, 억만 번이나 감사합니다. 예수님의 이름으로 기도 드립니다. 아멘."

최고이신 성령님을 만나라

당신은 성령님을 아십니까?

성령님은 큰 권능을 가지고 이 땅에 오셨습니다.

"오직 성령이 너희에게 임하시면 너희가 권능을 받고 예루살렘과 온 유대와 사마리아와 땅 끝까지 이르러 내 증인이 되리라 하시니라."(행 1:8)

나는 이런 성령님을 만났습니다. 성령님은 세상에서 가장 존귀한 분이십니다. 나는 성령님과 함께 날마다 친밀하게 교제하며 살고 있습니다. 놀랍고 놀랍기만 합니다.

그로 인해 내 인생이 200퍼센트 달라졌습니다.

성령님은 최고 중에 최고이십니다.

성령님을 만난 후 '이런 인생이 있을까' 하고 평생 성령님과 함께 깊이 생각하고 얘기하며 놀고 일하고 성령님을 높이고 성령님이 이끄시는 대로 살려고 합니다.

어찌 이런 인생이 있을까요? 알 수 없는 인생입니다.

뭐라고 말할 수 없는 존귀한 인생입니다.

말로 표현할 수 없는 존귀한 인생입니다.

행복한 인생, 꿈같은 인생, 기적 같은 인생, 창조의 인생, 황홀하고 찬란하고 눈부신 인생, 초자연적인 인생입니다. 성령님이 날마다 깨달음을 주십니다. 많이 주십니다.

정말 놀라운 인생, 가장 존귀한 인생입니다.

성령님은 가장 존귀하신 분입니다. 나는 성령님이 주시는 존귀한 생각을 합니다. 또한 성령님이 주시는 존귀한 말을 하고 존귀한 글을 쓰고 존귀한 행동을 합니다. 존귀하신 성령님이 내게 그런 삶을 살게 해 주셨습니다.

내가 하는 것이 아니라 내 안에 성령님이 계시니 쉽습니다. 성령님께 묻기만 하면 가장 좋은 길로 인도하시고 가르쳐 주시고 말씀해 주시고 역사해 주십니다. 쉽고 재미있고 멋지고 가슴 설레는 인생입니다. 행복합니다.

내 안에 성령님 계시니 능치 못할 것이 없습니다.

예수님이 마가복음 9장 23절에 말씀하셨습니다.

"예수께서 이르시되 할 수 있거든이 무슨 말이냐 믿는 자에게는 능히 하지 못할 일이 없느니라 하시니라."

그렇습니다. 믿는 자에게는 능히 하지 못할 일이 없습니다. 예수님 시대에는 육체로 오신 예수님을 믿어야 했습니다. 지금은 성령님의 시대이므로 영으로 오신 성령님을 믿어야 합니다. 당신 안에 계신 성령님을 믿으면 능히 하지 못할 일이 없습니다. 그분은 전능하신 하나님입니다.

스가랴 4장 6절에 "이는 힘으로 되지 아니하며 능력으로 되지 아니하고 오직 나의 영으로 되느니라"고 했습니다. 그렇습니다. 너무 힘쓰지 말고 너무 애쓰지 마세요.

성령님을 의지하고 그분께 다 말씀드리세요. 그러면 성령님이 다 하게 해 주십니다. 그분에게 도움을 구하세요.

쉽습니다. 이렇게 말씀드리면 됩니다.

"성령님, 이런 일이 생겼는데, 어떻게 하면 될까요?"

그러면 성령님께서 세미한 음성으로 말씀하시고 또 성경 말씀을 깨닫게 해 주시므로 문제가 쉽게 해결됩니다.

내게 임하신 성령님은 어떤 분일까?

내게 임하신 성령님은 어떤 분일까요?

예수님에게 임하신 분과 동일한 분이고 가장 존귀한 분입니다. 성령님은 바로 이런 분입니다. "그의 위에 여호와의 영 곧 지혜와 총명의 영이요 모략과 재능의 영이요 지식과 여호와를 경외하는 영이 강림하시리니."(사 11:2)

성령님은 주 여호와의 영이십니다.

"주 여호와의 영이 내게 내리셨으니 이는 여호와께서 내게 기름을 부으사 가난한 자에게 아름다운 소식을 전하게 하려 하심이라. 나를 보내사 마음이 상한 자를 고치며 포로 된 자에게 자유를, 갇힌 자에게 놓임을 선포하며."(사 61:1)

성령님은 세상 부모님이 준 그 어떤 선물보다 억만 배나 좋은 선물이고, 나를 구원하신 하늘 아버지가 주신 가장 좋은 선물입니다. "너희가 악할지라도 좋은 것을 자식에게 줄 줄 알거든 하물며 너희 하늘 아버지께서 구하는 자에게 성령을 주시지 않겠느냐?"(눅 11:13)

성령님은 회개하고 예수 믿는 자만 받는 선물입니다.

당신도 지금 예수님을 구주로 믿으세요. 그러면 성령을 선물로 받습니다. "베드로가 이르되 너희가 회개하여 각각 예수 그리스도의 이름으로 세례를 받고 죄 사함을 받으라 그리하면 성령의 선물을 받으리니."(행 2:38)

성령님이 오시므로 내 몸이 하나님의 성전이 되었습니다. "너희는 너희가 하나님의 성전인 것과 하나님의 성령이 너희 안에 계시는 것을 알지 못하느냐."(고전 3:16)

성령님은 내가 기도할 수 있도록 도우십니다.

"이와 같이 성령도 우리의 연약함을 도우시나니 우리는 마땅히 기도할 바를 알지 못하나 오직 성령이 말할 수 없는 탄식으로 우리를 위하여 친히 간구하시느니라."(롬 8:26)

나는 성령 안에서 기도합니다.

"모든 기도와 간구를 하되 항상 성령 안에서 기도하고 이를 위하여 깨어 구하기를 항상 힘쓰며 여러 성도를 위하여 구하라."(엡 6:18)

당신도 최고이신 성령님을 만나세요. 지금 만나야 됩니다. 구하고 찾고 두드리면 됩니다. 지금 꼭 만나세요. 성령님과 함께 복음을 누리고 복음을 전하는 삶을 사세요.

성령님은 빛이십니다. 사람이 다른 모든 것을 가졌을지라도 성령님을 모르면 어둠 가운데 거하게 됩니다. 성령님을 만나면 어두움의 인생이 바뀌어 빛의 인생이 되고 지옥 같은 인생이 천국 같은 인생으로 바뀝니다.

최고이신 성령님을 만나세요.

온전한 복음의 책, 희한하네요

당신은 복음의 책을 읽어 보셨습니까?

나는 예전에 책은 다 같다고 생각했습니다.

'책? 그래, 다 같은 책이지. 책은 그냥 읽으면 되지.'

그렇게 책은 아무거나 손에 잡고 읽기만 하면 되는 줄 알았습니다. 그리고 그 책이 좋으면 좀 좋아하고 그렇지 않더라도 이 책 저 책 또 다른 책을 골라 읽었습니다.

그런데 희한한 책을 발견했어요. '성령님에 대한 복음이 담긴 책'입니다. 이건 그냥 좋은 책이 아니었어요. 가장 좋은 책이었습니다. 나는 이런 책은 처음 봤어요.

하루는 김열방 목사님이 쓰신 〈성령을 체험하라〉는 책을 읽는데 내 가슴에 불이 붙었어요. 책을 읽으면서 계속 앗 뜨거워하면서 그 불이 꺼지지 않았고 오늘도 내일도 모레도 계속 그 불이 붙어 있어서 견딜 수 없었습니다. 책을 다 읽을 때까지 계속 가슴이 뜨겁게 불타올랐습니다.

참 희한하고 놀라운 책입니다. 내 인생이 바뀌었습니다. 그리고 나도 그런 성령님에 대한 이야기를 담은 책을 몇 권 써냈습니다. 그런데 얼마 전에 내가 써낸 책을 내 친구가 읽는데 그 친구도 몸이 뜨겁고 너무 좋다고 하네요.

야쿠르트 아줌마는 그 책이 너무 좋아 읽고 다른 책도 달라고 해서 가져다 팔았어요. 또 한 사람은 찜질방에 갈 때나 멀리 어디를 갈 때도 그 책을 가지고 간대요.

나는 내가 쓴 책을 읽고 또 읽고 자꾸 읽어도 좋고 좋아서 계속 읽는데, 다 외울 것 같아요. 참 희한해요.

책 속에 뭐가 붙어 있는지 모르겠어요.

책 속에 뭐가 있는 것 같아요. 책 속에 사람이 있는 것도 아닌데 뭐가 있는지 정말 알 수 없어요. 책은 책인데 이상하고 희한하네요. 정말 희한하네요.

책인데 책이 살아 있는 것 같고 정말 희한하고 알 수 없는 책, 그것이 복음의 책이고 읽을 때마다 설렙니다.

"성령님, 이런 책이 있네요. 정말 알 수 없는 책이네요. 성령님이 기름 부어 쓰게 하신 책이라서 그런가요?"

정말로 책에 성령님의 기름 부음이 가득합니다.

나는 성령님께 감사의 기도를 드렸습니다.

"성령님, 정말 놀랍고 놀랍기만 한 책이네요. 성령님에 대한 책, 복음의 책, 성경 말씀과 깨달음이 가득 담겨 있는 책입니다. 성령님, 이런 귀한 책을 읽게 해 주시고 또 제가 쓰게 해 주셔서 억만 번이나 감사합니다. 성령님, 복음의 책을 모든 사람이 읽고 또 쓸 수 있게 해 주세요. 그래서 모두 성령님을 만나고 성령의 사람으로 변화되게 해 주세요. 성령님과 교제하고 복음을 누리며 평생 복음을 전할 수 있게 해 주세요. 성령님, 억만 번이나 감사합니다. 예수님, 억만 번이나 사랑합니다. 하나님 아버지, 억만 번이나 경외합니다. 예수님의 이름으로 기도드립니다. 아멘."

나는 선물 주기를 좋아한다

당신은 선물 주기를 좋아합니까?

나는 주는 것도 모르고 받는 것만 좋아했습니다.

한 개 받으면 나도 한 개 주고 두 개 받으면 나도 두 개 주었는데 그래도 받는 걸 더 좋아했습니다. 그러다 어느 날 성경 말씀을 보니 이렇게 기록되어 있었습니다.

"주라, 그리하면 너희에게 줄 것이니 곧 후히 되어 누르고 흔들어 넘치도록 하여 너희에게 안겨 주리라. 너희가 헤아리는 그 헤아림으로 너희도 헤아림을 도로 받을 것이니라."(눅 6:38)

나는 많이 놀랐습니다.

'성경에 이런 말씀이 있었구나.'

나는 그 말씀을 꼭 붙잡고, 주려고 마음먹었습니다.

그런데 우리 가정은 한동안 너무 힘들었어요. 우리 애들 학원도 제대로 못 보내고 먹을 것도 입을 것도 없는데 그래도 주고 싶었습니다. 나도 잘 모르겠어요. 없으면 안 주면 되는데 왜 주고 싶은지, 내 안에 계신 성령님이 그런 마음을 주신 것 같습니다. 그래서 매일 주려고 합니다.

"하나님, 오늘은 뭘 줄까요? 내일은 뭘 줄까요?"

내게는 아무것도 없는데 "하나님의 말씀이 주라고 하셨으니 줄게요"라고 하면 하나님이 줄 수 있게 하셨습니다.

나는 이 말씀을 계속 선포하면서 다른 사람에게 많이 주고 또 나도 누르고 흔들어 넘치게 달라고 기도했습니다.

그런데 지금은 너무 좋아요. 진짜 가장 좋은 것, 세상에서 최고의 선물인 성령님, 성령님을 줄 수 있으니까요.

나는 입술을 열어 성령님을 전합니다. 그리고 또 이렇게 책을 써서 성령님을 전합니다. 성령님은 내가 전하는 복음을 통해 다른 사람에게 줄 수 있습니다. 내 생각과 말, 글과 책, 행동으로 줄 수 있습니다. 내 안에 성령님이 가득 계시니까 "성령님" 하고 부르면 그분이 나타나십니다.

나는 어디를 가더라도 내 안에 계신 성령님께 물어보면서 복음을 말하고 선포하고 자랑합니다. 내 평생 온 천하에 다니며 모든 사람에게 이 귀한 선물을 줄 겁니다.

이것은 하나님의 선물입니다. "너희는 그 은혜에 의하여 믿음으로 말미암아 구원을 받았으니 이것은 너희에게서 난 것이 아니요 하나님의 선물이라."(엡 2:8)

당신도 성령님을 전하기 위해 지혜를 구하세요.

그러면 성령님께서 당신에게 학자들의 혀를 주시고 곤

고한 자를 말로 도와주게 하십니다.

"여호와께서 학자들의 혀를 내게 주사 나로 곤고한 자를 말로 어떻게 도와줄 줄을 알게 하시고 아침마다 깨우치시되 나의 귀를 깨우치사 학자들 같이 알아듣게 하시도다."(사 50:4)

나는 아름답고 귀한 인생이 되었다

나는 오늘 성령님께 이렇게 말씀드렸습니다.

"성령님, 내 인생이 너무 좋아요. 그리고 얼마나 아름답고 귀하고 멋지고 풍성한지 모르겠어요. 내 인생에 하나님의 은혜가 넘칩니다. 성령님, 우리 식구, 우리 형제자매, 일가친척, 세상 모든 이가 이렇게 재미있고 신나는 인생, 휘황찬란한 인생, 빛나고 빛나는 인생을 살게 해 주세요. 성령님, 아무리 보아도 희한해요. 아무리 보아도 알 수 없는 내 인생, 아무리 보아도 상상할 수 없는 내 인생, 아무리 생각해도 존귀한 내 인생, 내 인생이 이상해요. 어찌 이런 인생이 있을 수 있나요? 기막힌 인생, 놀라운 인생입니다. 성령님, 정말 알 수 없어요. 내 인생을 나도 모르겠어요. 성령님과 함께하는 내 인생, 너무 행복해요. 성령님,

억만 번이나 감사합니다. 억만 번이나 경외합니다. 억만 번이나 사랑합니다. 억만 번이나 찬양합니다. 억만 번이나 행복합니다. 억만 번이나 좋아요. 아멘."

나는 빛을 아주 좋아한다

당신은 빛에 대해서 생각해 보았습니까?

난 지금은 빛을 아주 좋아합니다. 왜 그럴까요? 빛의 자녀가 되었기 때문입니다. "너희가 전에는 어둠이더니 이제는 주 안에서 빛이라. 빛의 자녀들처럼 행하라."(엡 5:8)

하나님은 빛이십니다. "우리가 그에게서 듣고 너희에게 전하는 소식은 이것이니 곧 하나님은 빛이시라. 그에게는 어둠이 조금도 없으시다는 것이니라."(요일 1:5)

나는 전에 빛인지 어둠인지 모르고 그냥 주어지는 대로 하루하루 살았습니다. 인생이란 원래 좀 좋은 날도 있고 힘든 날도 있고 맑은 날도 있고 구름 낀 날도 있고 바람 불고 태풍이 부는 날도 있다고 생각했어요. 그래서 그냥 그렇게 사는 것이 당연한 줄 알았습니다. 정말 그럴까요?

아닙니다. 하나님은 성령 안에서 사는 인생은 빛으로만 산다고, 그에게는 어둠이 조금도 없다고 하셨습니다. 내

안에 빛이신 성령님이 계시니까 나는 날마다 빛 가운데서
삽니다. 당신도 나처럼 빛의 삶을 살기 바랍니다.

| 빛 |

빛의 자녀로
빛의 사자로
빛의 교회로
빛의 공동체로
빛의 인생으로
빛의 세상으로
빛으로만 살아야 해요.

빛의 자녀는 저절로 잘됩니다.

빛이 들어오면 어둠은 저절로 물러갑니다.
빛이 들어오면 어두움은 즉시 떠나갑니다.
빛이 들어오면 어두움은 꼼짝 못합니다.

빛은 어두움을 싫어합니다.
빛은 어두움을 덮어버립니다.
빛은 어두움을 묶어버립니다.

난 200퍼센트 빛을 들고
어두운 세상으로 갑니다.
그리고 빛을 발합니다.

빛이신 성령님, 억만 번이나 감사합니다.
빛이신 예수님, 억만 번이나 감사합니다.
빛이신 하나님 아버지, 억만 번이나 감사합니다.

예수님의 이름으로 기도합니다. 아멘.

성령 안에서 온전한 복음으로 살라

당신은 온전한 복음을 아십니까?

나는 예수 믿는다고 하면서 교회만 왔다 갔다 하고 온전한 복음은 모르고 살았습니다. 그런 나를 성령님이 완전히 변화시키셨습니다. 성령님은 내게 '예수님이 십자가에서 다 이룬 온전한 복음'을 가르쳐 주시고 그 복음을 누리고 전하며 그 복음 안에서 살게 하셨습니다. 이런 복음을 깨닫게 해 주신 성령님은 가장 존귀한 분이십니다.

"가장 존귀하신 성령님, 억만 번이나 감사합니다."

당신도 예수님이 십자가에서 "다 이루었다"(요 19:30)고 말씀하신 온전한 복음을 믿기만 하면 행복해집니다.

구체적으로 어떤 내용일까요?

"나는 죄와 허물로 죽었다. 그런 나를 구원하기 위해 하나님의 아들 예수님이 오셨다. 그분이 내게 있는 죄, 목마름, 병, 가난, 어리석음, 징계, 죽음을 십자가에서 피와 땀과 눈물을 흘리며 값을 다 지불하셨다. 내가 예수님을 믿는 순간 그 모든 저주가 다 사라졌다. 그리스도 안에서 나는 새로운 피조물이 되었고 내 안에 성령님의 기름 부음이 가득하다. 나는 의인이다. 나는 성령 충만하다. 나는 건강하다. 나는 부요하다. 나는 지혜롭다. 나는 평화롭다. 나는 생명을 가졌다. 나는 천국 같이 살다가 천국으로 간다."

이 사실을 믿기만 하면 됩니다. 그러면 천국 같이 행복하게 살다가 천국에 가게 됩니다. 하나님의 나라가 성령으로 말미암아 내 안에 가득히 임했습니다.

그 외의 문제는 모두 내 밖에 있는 것이므로 기도하고 받았다고 믿고 기다리면 반드시 응답됩니다.

예수님이 말씀하셨습니다.

"무엇이든지 기도하고 구하는 것은 받은 줄로 믿으라. 그리하면 너희에게 그대로 되리라."(막 11:24)

나는 가족을 위해서도 믿음의 기도를 합니다.

"성령님, 우리 가정을 위해 기도합니다. 남편과 성진이, 지은이가 예수님을 잘 믿고 복음 안에서 행복하게 살도록 그들의 마음을 움직여 주세요. 모두 성령님을 만나게 해 주시고 성령님을 찾고 구하게 해 주세요. 우리 가족 모두

가 200퍼센트 성령 안에서 복음으로 살게 해 주세요. 그리고 형제자매도, 세상 모든 사람들이 성령 안에서 저처럼 복음을 많이 누리고 전하는 놀라운 인생을 살게 해 주세요. 천국같이 살다가 천국 가게 해 주세요."

가장 귀한 것 곧 복음을 전하라

당신은 사람들에게 무엇을 전하고 있습니까?

부활하신 예수님은 제자들에게 복음을 전파하라고 하셨는데 복음만 빼고 다른 걸 전하는 사람이 있습니다.

예수님의 말씀이 세상 어떤 사람의 말보다 귀한 줄 알고 예수님이 분부하신 대로 복음을 전파해야 합니다.

예수님은 오직 한 가지를 전하라고 말씀하셨습니다.

무엇일까요? 복음입니다. "너희는 온 천하에 다니며 만민에게 '복음'을 전파하라. 믿고 세례를 받는 사람은 구원을 얻을 것이요 믿지 않는 사람은 정죄를 받으리라."

그리고 복음을 전할 때 표적이 나타난다고 하셨습니다.

"믿는 자들에게는 이런 표적이 따르리니 곧 그들이 내 이름으로 귀신을 쫓아내며 새 방언을 말하며 뱀을 집어 올리며 무슨 독을 마실지라도 해를 받지 아니하며 병든 사람

에게 손을 얹은즉 나으리라 하시더라."(막 16:15~18)

다른 잡다한 것이 아닌 복음을 전해야 합니다.

복음이 무엇입니까?

예수님이 십자가에서 다 이루었다는 것입니다.

죄가 없는 하나님의 아들 예수님이 이 땅에 오셔서 우리의 모든 죄와 목마름, 병과 가난, 어리석음과 징계와 죽음을 다 짊어지고 십자가에서 우리 대신 땀과 피와 눈물을 쏟으며 값을 다 지불하고 죽으셨습니다. 그분은 죄가 없는 하나님의 아들이시므로 죽은 지 사흘 만에 죄와 사망의 권세를 깨뜨리고 다시 살아나셨습니다. 누구든지 예수 이름을 믿는 사람은 구원을 얻고 큰 복을 받습니다.

사도행전 16장 31절에 분명히 말씀합니다.

"주 예수를 믿으라. 그리하면 너와 네 집이 구원을 받으리라."

세상에서 가장 큰 복은 무엇일까요?

좋은 집이나 차, 수억 원의 돈과 비교할 수 없는 것, 그보다 억만 배나 크고 좋은 것입니다. 복음입니다.

복음은 예수를 구주로 믿으면 하나님의 의와 성령 충만, 건강과 부요, 지혜와 평화와 생명을 선물로 주신다는 것입니다. 이러한 일곱 가지의 선물을 기억하십시오.

하나님의 의를 선물로 받습니다.
하나님의 성령을 선물로 받습니다.
하나님의 건강을 선물로 받습니다.
하나님의 부요를 선물로 받습니다.
하나님의 지혜를 선물로 받습니다.
하나님의 평화를 선물로 받습니다.
하나님의 생명을 선물로 받습니다.

예수를 구주로 믿으면 하나님의 자녀가 되고 새로운 피조물이 됩니다. 그리고 죽으면 천국에 넉넉히 들어갑니다.
이러한 복음이 얼마나 귀한지 깨닫고 알아야 합니다.
억만금을 주고도 살 수 없는 가장 귀한 것입니다.

성령님, 믿음의 기도를 하게 해 주세요

당신은 믿음의 기도를 하고 있습니까?
믿음의 기도가 귀하다는 것을 알고 오직 믿음의 기도를 해야 합니다. 예수님은 제자들에게 무엇이든지 원하는 것이 있으면 믿음의 기도를 하라고 하셨습니다.
"내가 너희에게 말하노니 무엇이든지 기도하고 구하는

것은 받은 줄로 믿으라. 그리하면 너희에게 그대로 되리라."(막 11:24)

기도한 그대로 된다는 것입니다.

하지만 안타깝게도 많은 사람들이 믿음의 기도가 아닌 소망의 기도를 하면서 밤낮 엎드려 울고 있습니다.

소망의 기도는 "될 줄로 믿습니다"입니다.
믿음의 기도는 "된 줄로 믿습니다"입니다.

우리는 기도할 때 믿음의 기도를 하게 해 달라고 성령님께 도움을 구해야 합니다. 그렇지 않으면 소망의 기도에 빠져 금식 철야하면서 울며 애원하기만 합니다.

"성령님, 믿음의 기도가 귀하다는 것을 알고 오직 믿음의 기도를 하고 또 믿음의 기도를 가르치게 해 주세요."

소망의 기도에는 응답이 없습니다. 믿음의 기도를 해야 합니다. 기도하고 구하는 것을 받았다고 믿는 믿음의 기도를 할 때 역사가 일어납니다. 야고보 사도는 "너희 중에 병든 자가 있느냐? 믿음의 기도를 하라"고 했습니다.

소망의 기도를 하라고 하지 않았습니다.

야고보서 5장 15절을 보십시오. 분명히 '소망의 기도'가 아닌 '믿음의 기도'를 말씀하고 있습니다. "믿음의 기도는 병든 자를 구원하리니 주께서 그를 일으키시리라. 혹시 죄를 범하였을지라도 사하심을 받으리라.”

믿음의 기도가 무엇인지 모르고 평생 소망의 기도만 하는 사람이 많습니다. 그래서 응답이 없는 것입니다.

소망의 기도는 울며 애원하는 기도입니다.

믿음의 기도는 한 번 기도하고 구한 것을 받았다고 믿고 감사하는 기도입니다. 당신은 어떤 기도를 즐겨 하고 있나요? 10만 원짜리 문제든, 10억짜리 문제든 믿음의 기도를 해야 합니다. 예수님은 “네 피와 땀과 눈물이 너를 구원했다”고 하지 않고 “네 믿음이 너를 구원했으니 평안히 가라”고 하셨습니다. 주님께서 당신에게 말씀하십니다.

“네 믿은 대로 될지어다.”(마 8:13)

하나님이 원하시는 것은 믿음이다

하나님을 기쁘시게 해 드리고 싶지 않습니까?

하나님의 자녀라면 누구나 하나님을 기쁘시게 해 드리고 싶을 것입니다. 하지만 그 방법을 정확히 알아야 합니다. 무엇일까요? 다른 것이 아닌 ‘오직 믿음’입니다.

믿음이 없이는 하나님을 기쁘시게 할 수 없습니다.

히브리서 11장 6절을 자세히 보십시오.

"믿음이 없이는 하나님을 기쁘시게 하지 못하나니 하나님께 나아가는 자는 반드시 그가 계신 것과 또한 그가 자기를 찾는 자들에게 상 주시는 이심을 믿어야 할지니라."

무엇을 믿어야 할까요?

첫째, 하나님이 계신 것을 믿어야 합니다. 하나님은 어디에 계십니까? 멀리 계시지 않고 지금 성령으로 당신과 함께 계십니다. 당신의 몸은 하나님의 성전이 되었고 하나님은 당신의 몸을 주소로 삼고 당신 안에 거하십니다.

둘째, 그가 자기를 찾는 자들에게 상 주시는 이심을 믿어야 합니다. 하루 종일 하나님을 찾지 않는 사람들이 많습니다. 그들은 큰 사건이나 사고가 났을 때만 찾습니다.

큰 어려움이 있을 때 하나님을 찾는 것도 잘하는 것이지만 하나님은 인격자이시므로 평소에 늘 찾아야 합니다.

그분은 당신을 너무나 사랑하셔서 성령으로 오셔서 당신 안에, 당신과 함께 살고 계십니다. 성령님은 하나님이십니다. 그리고 막연한 신이 아닌 인격자이십니다.

그런 성령님을 인격적으로 존중히 모시고 살아야 하며, 수시로 찾아야 합니다. 이것이 하나님과의 관계에서 가장 중요합니다. 나는 사람들에게 이렇게 권면합니다.

"성령님을 인격자로 모시고 순간마다 찾으라."

성령님을 인격적으로 존중히 모시고 살며, 인격적으로 그분을 늘 찾고 도움을 구하면 그분이 상을 주십니다.

당신도 아침에 눈을 뜨면 이렇게 인사부터 하세요.

"성령님, 안녕하세요."

성령 안에서 믿음의 말만 하라

당신은 어떤 말을 하십니까?

믿음의 생각과 믿음의 말이 귀한 줄 알아야 합니다.

믿음의 생각은 1억보다 귀하고 믿음의 말은 10억보다 귀합니다. 이런 믿음의 생각과 말을 많이 해야 합니다.

말 한 마디로 사람을 살리기도 하고 죽이기도 합니다.

나는 성령 안에서 에너지가 넘치는 믿음의 말만 합니다. 부정적인 말을 하지 말고 오직 믿음의 말만 하세요.

나는 하나님 만드신 하루하루가 너무 좋습니다.

더구나 새해 2025년은 더 좋습니다. 하나님이 또 얼마나 좋은 것을 주실까 싶어서 기도하고 기대합니다.

"성령님, 생각도 말도 글도 행동도 하나님 아버지가 좋아하는 것만 하고 싶어요."

그래서 교회에 가서 인사하는데 찬란한 새해 잘 보내라

고 하니까 한 집사님이 나를 꼭 껴안아 줍니다.

이제 말하는 거 하나님께 배웠으니까 믿음의 말도 많이 하고 하나님의 말씀도 많이많이 선포하고 살 거예요.

복음의 말, 축복의 말, 승리의 말, 기적의 말, 감사의 말, 하나님 이름을 높이는 말 등 할 말이 많이 있습니다.

당신의 말에는 엄청난 힘이 있습니다.

사람은 말한 대로 됩니다. "네 입의 말로 네가 얽혔으며 네 입의 말로 인하여 잡히게 되었느니라."(잠 6:2)

하나님은 당신이 하는 말을 다 듣고 계시며 당신의 입에서 나온 말대로 이루어 주십니다. "너희 말이 내 귀에 들린 대로 내가 너희에게 행하리니."(민 14:28)

그러므로 부정적인 말을 하지 않도록 조심해야 합니다.

하나님은 당신이 믿음의 말만 하기 원하십니다.

매일 아침 성령님께 도움을 구하기 바랍니다.

"성령님, 오늘도 믿음의 말만 하게 해 주세요."

부요하신 하나님만 바라보라

당신은 매순간 부요하신 하나님을 바라봅니까?

부요하신 하나님을 바라보면 마음이 한없이 너그러워

지는데, 그렇지 않으면 마음이 작게 쪼그라듭니다.

2025년 첫 주가 좋아서 "하나님 아버지, 우리 교인들에게 무얼 하나 주면 좋을까요?" 하고 기도하다가 장미 한 송이를 주려고 했습니다. 그런데 꽃값이 내 생각과 달랐습니다. "하나님 아버지, 난 못 하겠어요" 하고 집으로 돌아왔습니다. 집에서 기도하며 성령님께 또 물어봤습니다.

"성령님, 어떻게 할까요?"

내가 기도해 놓고도 믿음의 말을 하지 않았고 부자 아빠 하나님을 잊어버리고 내 생각대로 하려고 해서 "하나님, 잘못했어요"라고 기도하고 다시 하기로 했습니다.

나는 주님께 회개했습니다.

"주님, 내가 왜 이런지 모르겠어요. 자꾸 내 생각대로 하려고 해요. 크신 하나님, 부자 하나님은 보지 않고 현실만 바라보려고 해요. 앞으로는 내 인생에 부자 아빠 하나님만 바라보고 크게 생각하고 크게 말하고 크게 꿈꾸며 살게요. 귀한 걸 깨닫게 해 주신 성령님, 억만 번이나 감사합니다. 예수 이름으로 기도합니다. 아멘."

우리가 믿는 하나님은 부자 아빠이십니다.

그분은 우주의 재벌 총수이십니다.

당신은 그분의 자녀입니다.

부요 믿음으로 사세요.

성령님과 얘기하며 사는 것이 최고다

성령님은 하나님이십니다.

나는 그런 성령님과 늘 함께 다니면서 그분과 얘기를 많이 합니다. 성령님과 얘기하고 산다는 것이 최고네요.

"성령 안에서 말씀으로 산다는 것. 이런 걸 알게 해 주시고 하게 해 주신 성령님, 억만 번이나 감사합니다."

나는 성령님이 주신 말을 하며 삽니다. 성령님은 믿음의 말 한마디로 나도 살고 다른 사람도 살리게 해 주셨습니다. 그런 삶을 글로 적으니 이렇게 책이 되었습니다.

"최고의 삶, 행복한 하루를 열어 주신 하나님 아버지, 하나님이 주신 입을 열어 하나님이 주신 최고의 말, 믿음의 말만 하며 살겠습니다. 내 안에 성령님 계시니까요. 성령님, 억만 번이나 감사합니다. 예수님, 억만 번이나 감사합니다. 하나님 아버지, 억만 번이나 감사합니다."

그리스도 안에 있는 당신은 그리스도와 함께 하늘에 앉혀진 가장 존귀한 사람입니다. 그렇다면 천박한 말이 아닌 존귀한 말만 해야 합니다. 하나님이 당신의 말을 다 듣고 계시며, 그 말한 대로 다 이루어 주시기 때문입니다.

"그들에게 이르기를 여호와의 말씀에 내 삶을 두고 맹세하노라 너희 말이 내 귀에 들린 대로 내가 너희에게 행하리니"(민 14:28)라고 했습니다. 놀랍지 않습니까?

어렵고 힘들 때 주위 사람들에게 원망과 불평을 쏟아 놓지 말고 전능하신 하나님께 기도하기 바랍니다. 그러면 그분이 반드시 응답하시며 크고 은밀한 일을 보이십니다.

"너는 내게 부르짖으라. 내가 네게 응답하겠고 네가 알지 못하는 크고 은밀한 일을 네게 보이리라."(렘 33:3)

이 땅에 사는 동안 말에 실수가 없도록 늘 깨어 있어야 합니다. 예수님은 "사람이 무슨 무익한 말을 하든지 반드시 심판받는다"고 하셨습니다. 절대로 부정적인 말, 의심의 말, 원망과 불평의 말을 하지 말아야 합니다.

가까이 있는 부모 자녀, 형제, 친척 친구에게도 말에 실수하지 않도록 성령님께 도움을 구하기 바랍니다.

야고보 사도는 말했습니다. "우리가 다 실수가 많으니 만일 말에 실수가 없는 자라면 곧 온전한 사람이라. 능히 온 몸도 굴레 씌우리라."(약 3:2)

이는 내 힘으로는 안 됩니다. 당신도 그렇지 않나요?

우리 모두는 성령님께 도움을 구해야 합니다.

"성령님, 제가 말에 실수하지 않도록 도와주세요."

성령님은 내 인생을 최고의 인생이라고 하셨습니다.

그분은 내게 칭찬과 격려의 말을 아끼지 않으십니다.

그것만으로도 내 잔이 넘칩니다. 나는 주위 사람에게 칭찬과 격려의 말을 구하지 않습니다. 그런 것은 아무것도 아닙니다. 나는 성령님의 음성만으로 만족합니다.

성령님은 나를 존중하는 말씀을 계속 하십니다.

'내 딸아, 잘하고 있다. 믿음의 말만 하라.'

| 가장 존귀한 내 인생 |

내 인생은
하나님의 계획이다.

내 인생은
하나님의 선물이고
하나님의 작품이다.

내 인생은
하나님의 자녀의 인생이고
성령 충만한 인생이다.

내 인생은
온전한 복음의 인생이고

창조적인 인생이다.

내 인생은
억만 불짜리 인생이고
가장 존귀한 인생이다.
내 안에 계신
가장 존귀하신 성령님이
내 인생의 주인 되시니까.

이런 인생을 성령님이 살게 해 주셨습니다.

성령님은 내가 어두움에서 빛으로 살게 해 주셨습니다.

당신도 나처럼 예수님을 구주로 믿고 예수님을 주인으로 모시면 천국의 인생을 살다가 천국에 갈 수 있습니다.

지금 항복하고 하나님께로 돌아오세요.

지금 하나님이 당신을 기다리고 계십니다.

"영접하는 자 곧 그 이름을 믿는 자들에게는 하나님의 자녀가 되는 권세를 주셨으니."(요 1:12)

성령님께 200퍼센트 맡기라

나는 성령님께 200퍼센트 맡긴다

당신은 인생 문제를 누구한테 맡깁니까?

나는 내 인생의 모든 문제를 나 스스로 해결하려고 끙끙거리며 걱정하고 고민했습니다. 때로는 주위 사람한테 말하고 전문가한테도 부탁했습니다. 힘들다, 힘들다 하며 버티고 버텼습니다. 내가 겪는 문제 중에서 아주 급한 것만 기도하며 겨우 하나님께 얘기하곤 했습니다.

아주 힘든 것만 맡겼습니다. 그러고도 기도한다고 하나

님을 믿는다고 하며 교회를 왔다 갔다 했습니다.

내 인생의 주인이 나였으니까요.

예수님을 믿고 기도한다고 하면서도 조금씩만 맡기고 또 어떤 때는 맡겼다가 도로 가져오곤 했습니다. 왜 내가 전부 맡기지 못했는지 그 이유를 알 수 없습니다. 하나님께 맡긴다고 말만 하고 흉내만 내며 살아온 것 같습니다.

어느 날 목사님이 이런 말씀을 해 주셨습니다.

시골에서 선교사님이 차를 몰고 지나가다가 머리에 무거운 짐을 이고 걷는 할머니 한 분을 만났습니다. 차를 세워 할머니를 태우고 가다가 뒤를 돌아보니까, 할머니가 머리에서 짐을 내리지 않고 그대로 이고 있었습니다.

"할머니, 그 짐을 내려놓으세요."

그 할머니는 차를 태워 주는 것만 해도 고마운데 짐까지 내리면 너무 미안해서 안 된다고 했습니다.

전에 나는 이 간증을 듣고 웃고 지나간 적이 있는데, 이번에는 그 얘기를 듣고 참 우습기도 하고 왜 저러지 하고 생각했습니다. 그런데 지금 보니 내가 그렇게 미련하게 살고 있었습니다. 하나님께 내 짐을 다 맡기지 않고 부분만 맡기고 계속 내가 짐을 지고 다녔던 것입니다.

나는 회개했습니다.

"성령님, 제가 이래요. 제가 이렇게 어리석게 살아요. 성령님, 제가 이 모양이에요. 성령님, 저를 용서해 주세요. 성령님, 이제부터는 절대로 그러지 않겠습니다."

하나님께 다 맡기고 나니 마음이 홀가분해졌습니다.

"성령님, 얼마나 행복한지 모릅니다. 그동안 쉽고 편하게, 재미있고 단순하게, 신나고 멋지게 살 수 있었는데, 잘 몰라서 제가 다 하려고 했습니다. 주님, 죄송합니다."

지금 주님께서 당신에게 말씀하십니다.

"네 짐을 여호와께 맡기라. 그가 너를 붙드시고 의인의 요동함을 영원히 허락하지 아니하시리로다."(시 55:22)

당신도 회개하기 바랍니다. 나는 기도합니다.

"존귀하신 성령님, 모든 것을 성령님께 맡기고 또 맡기고 200퍼센트 맡기고 살겠습니다. 나도 우리 가정도 형제자매, 자자손손, 세상 모든 사람도 다 맡기고 살겠습니다. 하나님을 주인으로 모신 존귀한 내 인생이니까요. 주인이신 주님께 묻고 맡기고 의지하겠습니다. 모든 일을 주님과 함께 하고 주님을 높이고 마음껏 자랑하며 살고 싶어요. 주님, 제가 평생 그렇게 살 수 있도록 도와주세요."

잠깐 왔다 가는 짧은 인생입니다. 우리는 잡다한 일에 빠지지 말고 복음을 전하는 일에만 힘써야 합니다.

예수님께서 말씀하셨습니다. "또 이르시되 너희는 온 천하에 다니며 만민에게 복음을 전파하라."(막 16:15)

이것도 내 힘으로 안 됩니다. 그러나 성령님께 도움을 구하면 그분이 하게 하십니다. 이렇게 말씀드리세요.

"성령님, 하나님께 200퍼센트 맡기고 온 천하에 다니며 만민에게 복음을 전하며 살게 해 주세요. 성령님, 내 안에 성령님이 계시니까 행복합니다. 이렇게 책으로 복음을 전하며 살게 해 주셔서 감사합니다. 세상에서 가장 존귀하신 성령님, 이 모든 것에 대해 억만 번이나 감사합니다."

부정적인 생각과 말은 하지 마라

당신은 하나님이 주신 입으로 어떤 말을 합니까?

나는 부정적인 말이 아닌 긍정적인 말을 하겠다고 마음먹었습니다. 하지만 내 힘으로는 잘 안되기 때문에 성령님께 도움을 구합니다. 당신도 도움을 구하기 바랍니다.

"성령님, 부정적인 말을 하지 않게 해 주세요."

그러면 성령님께서 말의 근원인 생각을 주관하시므로 부정적인 생각이 떠오르지 않게 해주십니다.

많은 사람들이 자기 문제를 성령님께 맡겼다고 하면서

도 돌아서면 금방 염려와 근심의 말, 부정적인 말을 합니다. 어떻게 하면 될까요? 그런 생각이 떠오르지 않도록 성령님께 도움을 구하면 됩니다. 이렇게 말씀드리세요.

"성령님, 부정적인 생각이 떠오르지 않게 해주세요."

사람은 하루에 5만 가지를 생각한다고 합니다.

그 중에 90퍼센트 이상이 전에 했던 생각들이고 새로운 생각은 10퍼센트도 안 됩니다. 그리고 그 생각들 중에는 내일에 대한 염려와 근심, 오늘에 대한 불평과 불만, 어제 있었던 일 곧 지난 일에 대한 후회와 불안이 많습니다.

그런 것이 생각을 통해 떠오르는 것은 어쩔 수 없지만 그것을 함부로 말하지 않도록 순간마다 성령님께 도움을 구해야 합니다. 성경은 '혀의 힘'에 대해 말씀합니다.

"죽고 사는 것이 혀의 힘에 달렸나니 혀를 쓰기 좋아하는 자는 혀의 열매를 먹으리라."(잠 18:21)

당신은 어떤 면에서 혀를 쓰기 좋아합니까?

긍정적인 면입니까? 아니면 부정적인 면입니까?

부정적인 면을 떠올리고 그것에 민감하게 반응하며 또 그걸 입버릇처럼 자주 말하는 것은 육신의 생각입니다.

육신의 생각은 하나님을 기쁘시게 할 수 없고 하나님과 원수 되고 또 내 안에 계신 성령님을 근심시킵니다.

사람은 세상에서 어떤 말이든 하며 살아야 되는데 나는

말을 잘할 줄 몰라 그다지 많은 말을 하지 않았습니다. 하나님을 믿으니까 말을 잘해야 하고 또 좋은 말을 해야 하는데 어떻게 해야 하는지 몰라 주로 듣는 편이었습니다.

나는 그동안 부모님이 시키는 것만 말하고 또 듣는 것만 말하고 살았습니다. 주위에서 볼 때 말 잘 듣는 아이, 착한 아이로 살았습니다. 그런데 지금은 달라져서 너무 좋아요. 내 안에 성령님이 계시니까요. 성령님께 물어보면 되니까요. 말을 잘하는 게 너무 쉽고 재밌고 단순하고 즐겁습니다. 내가 말을 잘할 수 있게 되었다는 사실이 놀랍기만 합니다. 성령님의 권능이 내 입에 임했습니다.

성령님이 오시므로 내 입에 할 말을 가득 주셨습니다.

무엇일까요? 믿음의 말, 소망의 말, 사랑의 말입니다.

이제는 하나님이 기뻐하시는 말을 할 수 있어 한마디씩 말할 때마다 신납니다. 나는 오직 믿음의 말, 성령의 말, 복음의 말, 긍정의 말, 희망의 말, 적극적인 말, 축복의 말, 웃음의 말, 꿈의 말, 살리는 말, 창조의 말, 기적의 말만 합니다. 그리고 성령님을 의지하는 말을 합니다.

당신도 오직 하나님이 기뻐하시는 말만 하도록 성령님께 도움을 구하세요. 이렇게 말씀드리면 됩니다.

"성령님, 어떻게 살까요? 어떻게 말할까요? 성령님, 가르쳐 주세요. 지혜를 주세요. 말씀해 주세요."

한 마디를 하더라도 믿음의 말만 하세요.
그럴 때 성령님이 기뻐하십니다.
당신은 성령의 사람입니다.

가장 존귀하신 성령님

초판 1쇄 인쇄 | 2025년 3월 10일
초판 1쇄 발행 | 2025년 3월 20일

지은이 | 김열방 박경애

발행인 | 김사라
발행처 | 날개미디어
등록일 | 2005년 6월 9일, 제2005-44호
주소 | 서울특별시 송파구 백제고분로9길 6(잠실동, A동 3층)
전화 | 02)416-7869
메일 | wgec21@daum.net

종이책 ISBN: 979-11-92329-48-2(03230)
전자책 ISBN: 979-11-92329-49-9(05230)

종이책값 20,000원
전자책값 20,000원